마흔이 내게 준 선물

# 마흔이
# 내게 준 선물

· 함영준 지음 ·

위즈덤하우스

| 머리말 |

나이 마흔이 지나면서 두 가지 질문이 항상 머릿속을 따라다녔다.

'그동안 어떻게 살아왔는가?'
'앞으로 어떻게 살아야 할 것인가?'

마흔 이후 내 삶을 진지하게 돌아보면서 지금 안전한 '착륙'을 준비할 것인지, 아니면 새로운 '이륙'을 준비해야 할 것인지를 생각하게 되었다. 일상의 삶은 늘 변화무쌍한 세파를 헤쳐 나가기에 급급했지만 잠재의식 속에서는 삶의 본질적인 문제에 대한 고민이 끊임없이 이어지고 있었던 것이다.

누구나 청년기가 지나 중년기에 접어들면 인생의 무게가 가슴을 짓누르고 있음을 절실히 느끼게 된다. 그 순간이 바로 거울을 꺼내 지금까지 살아온 자기 인생을 되돌아보기에 적당한 때인 것이다. 자신이 원하는 모습에 가깝고 주위로부터 인정받는 삶을 살

앉다고 여겨지면 만족의 정도가 클 것이요, 반대일 경우 불만족스러울 것이다.

후반부 인생, 즉 자신의 미래에 대해서는 정도의 차이는 있지만 누구나 불안함을 느낀다. 아무리 성공한 삶이라도 생로병사生老病死에 자유로울 수는 없다. 나이가 들수록 외로워지고 철저하게 홀로 자신과 맞닥뜨리는 순간을 맞게 된다.

21세기 지금은 신자유주의 경제가 지배하는 고령화 시대다. 과거처럼 정년퇴직한 뒤 적당히 노후를 보내다 생을 마감하는 시대가 아니다. 한창 일할 나이라 생각할 30대나, 40대 어느 때라도 회사 문밖으로 쫓겨날 수 있다. 제2, 제3의 직업을 찾는 것은 이제 권유 정도가 아니라 강요당하는 현실이다.

과거 빈곤하던 시절 우리네 노인들의 삶은 지금보다 오히려 안정적이지 않았을까. 요즘 같은 연금제도나 사회복지 혜택은 없지만 대가족 제도와 장유유서長幼有序의 굳건한 유교적 전통이 있었다. 그 질서 속에서 노인들은 자손들의 수발을 받으면서 비교적 안정된 말년을 보낼 수 있었다.

그러나 지금 같은 핵가족·고령화 시대에서는 자신의 삶이 어떻게 변할지 아무도 모른다. 자칫 잘못하면 자식과의 교류도 끊어진 채 고독과 노환, 회한 속에서 지루하고 비참한 노년을 보낼 수도 있다.

나도 40대에 접어들면서 내 과거와 미래에 대해 본격적으로 생각하기 시작했다.

'인생은 한 번뿐인 유한한 삶. 내 내면에는 삶에 대해 더 알고 싶은 마음, 행복한 삶, 성취하는 삶을 영위하고 싶은 욕구가 강하다. 내 나이 40대인 지금, 객관적으로 괜찮은 삶을 살아왔다. 그러나 만족스럽지 못하다. 무엇보다도 내 스스로에 대해 만족스럽지 못하다. 왜일까?'

하지만 이런 생각은 누구나 다 한 번쯤 해보는 것이리라 하고 무시했던 것 같다. 인생에 대한 회의는 들었지만 우리나라 최고 신문사로 꼽히는 곳의 간부 자리를 박차고 나올 이유까지는 아니었다. 당시 나는 소위 잘나가는 편이었고, 특별한 일이 없는 한 인생의 후반기를 평온하게 살 수 있었다. 변화를 시도하더라도 안정된 틀 안에서 하고 싶은 마음이었다.

그러나 몇 년 뒤 회사의 인사조치가 내 마음속 깊은 어딘가를 건드렸다. 그동안 내 내면을 괴롭혀 온 생각들 때문인지 나는 단 30분 정도만 고민한 끝에 사표를 결정했다.

사실 22년을 몸담은 곳이요, 나를 키워준 직장인데 나도 그런 방법으로 회사를 그만둘 줄은 상상도 하지 못했다. 회사 생활하면서 우여곡절도 있었지만 단 한 번도 그만둘 생각은 한 적이 없었기 때문이다.

지금의 내 모습으로는 아무것도 할 수 없다는 생각이 확고해졌다. 스스로에 대해서 만족하지 않는 한 어디서 행복을, 진정한 성취를 얻는단 말인가.

나는 스스로를 벼랑 끝에 세우겠다고 결심했다. 거친 광야廣野에서 홀로 서겠다고 다짐했다. '벼랑 뒤로 몰리면 떨어진다'는 각오로, 배수背水의 진陣을 친 채 버텨야겠다고 생각했다.

'만약 힘에 부쳐 결국 떨어지고 만다면?' 그것 역시 나의 선택이라고 생각했다. 순전히 내가 판단했고 내가 내린 선택이니 내가 책임지는 것이다. 내 인생이니까.

이 글은 이후 2년간 홀로서기의 기록이다. 나의 결정이나 행동을 권유하고 싶지는 않다. 그러나 그 시간을 겪고 보니 그 당시의 내 생각과 고민을 논리적으로 설명할 수는 없지만, 나와 같은 시대를 사는 누군가라면 이해할 수 있을 것이다. 그 부분에 대해 함께 생각해 봤으면 한다.

미래에 대해 끊임없이 고민을 하고 있다면, 특히 자신의 삶에 회의감을 느끼고 현실을 살아가고 있다면 조금이라도 나의 경험이 도움이 되기를 바란다.

누구에게나 고난은 찾아온다. 그러나 두려워할 필요는 없다. 시련은 견딜 수 있는 만큼만 온다. 오히려 인생에 다시 한 번 주어진 기회일 수도 있다. 시간이 흐른 뒤에 되돌아보며 웃음 짓게 될지 후회하게 될지는 순전히 본인에게 달렸다. 마흔 이전의 삶은 주어진 조건과 환경에 의해 좌우되었다면, 마흔 이후의 삶은 온전히 자신의 선택에 달린 것이다. 마흔에 내린 결단이 인생을 바꾸고, 가슴 떨리는 도전이 인생을 풍요롭게 만들어 줄 것이라 믿는다.

마흔을 앞두고 두려움과 불안함에 한숨 쉬고 있거나 마흔이 인생의 내리막길인 줄 알고 방황하고 있는 40대들에게 자기성찰을 통해 인생 후반전을 지혜롭게 준비한다면 인생의 봄날을 다시 맞이할 수 있다고 말해주고 싶다.

나는 요즘 자주 행복하고 작은 일에도 감동한다. 내 마음속 깊은 곳에서 이렇게 말한다.

'그래, 더 낮추게. 더 온유해지게….'

함영준

마흔이 내게 준 선물

## 차례

머리말 • 004

### 1장
### 마흔, 세상 앞에 홀로 서는 법을 배우다

01 나이 마흔, 전진의 나팔을 울려야 한다 • 016
02 홀로 선다는 것은 세상의 시선을 이기는 것 • 029
03 마무리는 깔끔하게 시작은 신중하게 • 039
04 마흔에 맞는 태풍은 지나가는 바람으로 여겨라 • 050
05 그 많던 친구는 다 어디로 갔을까 • 059

### 2장
### 자기성찰을 통해 인생 후반전을 준비하라

06 자신에게 솔직해지는 것이 도전의 첫 시작이다 • 074
07 이젠 수비수가 아닌 공격수로 뛸 차례다 • 088
08 자기부정과의 싸움에서 긍정을 끌어내라 • 099
09 가장 중요한 건 첫째도 둘째도 사람이다 • 112
10 관전자가 아닌 주인공으로 • 121

## 3장
### 진짜 인생은 마흔부터 시작된다

11 생각을 바꾸면 여기가 출발선이다 • 136

12 지친 삶을 위로해 주는 파랑새는 가족이다 • 147

13 젊음과 소통해야 마음의 주름살이 안 생긴다 • 159

14 마음속 진실의 소리를 들을 때 행복이 다가온다 • 171

15 인생이여, 고마워요! • 184

16 준비된 사람에게 기회는 떠나지 않는다 • 192

17 실패는 배움의 여정에서 만나는 이정표다 • 203

## 4장
### 마흔이 내게 준 선물

18 낮아져라, 더욱 낮아져라 • 218

19 내게 찾아온 일곱 가지 변화 • 231

20 광야로 나가 스스로 이기는 법을 배우다 • 241

21 몸과 마음을 끊임없이 단련시켜라 • 247

22 유연함이 강함을 이긴다 • 254

23 무조건 지금 이 순간을 즐겨라 • 262

1장

# 마흔, 세상 앞에 홀로 서는 법을 배우다

### • 1 •
# 나이 마흔, 전진의 나팔을 울려야 한다

　　　　　나이 마흔, '나이는 그저 숫자에 불과하다'고 하기에는 너무나 큰 무게감을 준다. 아마도 살아온 날과 살아가야 할 날의 중간에 위치해 있기 때문이리라. 요즘은 40대를 '청춘의 끝자락에서 기성세대라는 이름을 달고 스스로 보수화가 되어가는 시기'라고 말한다.

　마흔에 접어들면 위로는 승진에 대한 불안과 해고 가능성에 직면하게 되고, 아래로는 신세대 후배들과의 문화적·정서적 단절로 이중고를 겪는다. 가장으로서 경제적 기반을 미처 확립하지 못한 상태에서 교육비 부담이 가장 큰 시기라 그 어떤 연령집단보다 구조 조정 및 정리 해고의 부정적 여파를 강하게 경험한다.

40대들이 겪는 불안의 요인 중 무엇보다도 가장 큰 것은 경제적 문제라 할 수 있다. 수입보다 지출이 많은 시기이고, 교육비 부담이 가장 크게 차지한다. IMF 이후 꾸준히 직장 퇴출의 위험에 노출돼 있다 보니 가정경제가 위기에 처하게 되고 그로 인해 가정 파탄까지 겪게 되는, 이래저래 우울한 세대이기도 하다.

흔히 나이 40을 공자의 말에 빗대어 '불혹不惑'이라고 한다. 깨달음의 경지에 올라 흔들림이 없는 나이라고 하지만 그것은 평균 수명 40에 불과하던 옛날 말이다. 현대에 접어들면서 사실은 가장 갈등이 많은 시기가 바로 40대다. 그런 점에서 40대는 질풍노도의 시기라는 청소년보다 더 '미혹迷惑'으로 가득 찬 시기에 직면해 있는 것이다.

40대부터는 자기 얼굴을 책임지기 시작해야 한다고 하지만 요즘처럼 경제적으로 힘든 상황에서는 앞만 보고 살아온 지난날을 되돌아보면서 '앞으로 어떻게 살아야 하나?' 고민하고 방황하는 경우가 더 많다. 자신의 틀을 마련할 여유조차도 없어졌다고 해야 옳을 것이다.

삶의 주기를 통틀어 한가운데에 선 40대, 당연히 이제까지 살아온 삶보다 앞으로의 삶에 무게중심을 둬야 한다. 자신과 가족에 대해 그리고 사회적 책임에 있어서도 중요한 역할을 해낼 시기이다. 40대에게 요구되는 것은 고도화된 책임감이다. 젊다는 어설픔으로 용서나 이해가 베풀어지지 않는 나이에 도달했기에 이 시기에 부여되는 책임감은 그 질을 달리한다고 봐야 할 것이다.

한 발만 잘못 디디면 회복하기 힘들지도 모른다는 위기감마저 안고 살아야 하는 40대, 그렇다고 절망의 나락에 빠져서는 안 된다. 이제는 생각을 바꿔야 한다. 40대는 어중간하게 낀 세대가 아니라 가장 풍요로운 삶을 완성해가는 핵심에 서 있다고 봐야 한다. 사회적으로도 젊은 세대와 노년 세대를 융합시킬 수 있는 노른자위에 있는 것이다.

지금까지처럼 다른 누군가를 위한 삶이기에 앞서 자신을 찾고 즐길 줄 아는 삶이 우선돼야 한다. 《40, 새로 시작하라》의 저자 기와기타 요시노리는 "인생 후반을 풍요롭게 보내려면 취미든 부업이든 가장 왕성하게 활동하는 40대에 시작해야 한다"며 "40대를 어떻게 보내느냐가 인생 후반의 삶의 질과 인성人性까지 결정하게 된다"고 강조했다.

40은 새로운 시작이다. 위기의 시작이 아니라 자기 발전의 시작이다.

"나는 누구를 위해, 무엇을 위해 살아왔나?"

마흔이라는 나이는 자기 성찰이 절대적으로 요구되는 출발선에 있다. 내 가슴이 바라는 일을 다시 꿈꾸고 재정비하는 시기이다.

나 역시 40대를 맞이한 무렵, 20대보다 더 격정적인 고민으로 번민의 날을 보냈다. 그리고 내 인생 최대의 변화를 맞이하게 됐다. 우리나라 최고 신문사의 하나로 꼽히는 곳에서 간부를 맡고 있었던 내가 사표를 던지고 나온 것이다. 특별한 일이 없는 한 안정된 인생 후반이 보장된 터였는데 나는 기필코 사표를 내고야 말았다.

2004년 12월 30일. 일반 회사도 연말이면 바쁘지만 신문사라고 다를 바 없었다. 국내외 10대 뉴스, 연말 특집 기사 등 지나간 한 해를 정리해야 했고, 신년호 특집·기획 준비로도 바빴다. 더구나 인도네시아, 태국 등 동남아를 강타해 수십만 명의 사망자를 낸 '쓰나미'로 정말 눈코 뜰 새 없는 연말을 보내고 있었다. 그래도 12월 30일쯤 되면 신문사 편집국 내에도 여유가 생긴다. 준비한 기획물도 대체로 마무리 단계였으며 송년회 파티도 대략 끝났다. 결과야 좋든 나쁘든 연말 평가도 지나갔다.

소공동 어느 중국집에서 영국대사관의 외교관들과 점심을 했다. 내 직함이 국제부장이라 한국에 나와 있는 외교사절들과 만날 기회가 많았다. 맥주를 곁들인 식사를 하면서 화제는 일본 고이즈미 총리의 적극적인 대미對美 외교에 집중됐다. 나이가 지긋한 한 영국 외교관은 고이즈미의 외교술을 높이 평가했다.

"상어가 득실거리는 바다에서는 혼자 수영하면 안 됩니다. 잘못하면 먹히니까요. 우리 영국도 미국하고 늘 우호적 관계를 가지려고 노력합니다. 그것이 우리 국익에 도움이 되기 때문이죠."

당시 영국 블레어 총리는 '부시의 푸들'이라는 별명으로 불릴 정도로 부시 행정부와 밀착된 관계를 맺고 있었다. 일본 고이즈미 총리도 미국과의 관계 개선에 진력해 미·일 관계가 매우 좋은 상태였다. 반면 이른바 '자주외교'를 주창해 온 노무현 정부는 미국과 썩 편한 관계는 아니었다. 영국 외교관의 말은 이런 상황을 우회적으로 지적한, 매우 솔직한 반응이었다. 나는 빙그레 미소를 보여줬다.

즐겁게 점심을 먹고 들어와 석간신문을 대충 살펴본 후 오후 2시부터 열리는 2차 편집회의에 참석했다. 여기서 저녁 6시에 만들어지는 초판 신문의 방향과 주제가 정해진다.

자리로 돌아온 뒤 오후 3시쯤 됐을까. 갑자기 사장실로부터 올라오라는 부름을 받았다. 사장은 신문 제작 시간에는 좀처럼 일선 부장을 부르지 않는다. 그런데도 불렀다는 것은 칭찬이나 격려보다 지적이나 훈계의 가능성이 높기에 왠지 불길한 생각이 스쳤다.

'혹시 인사문제? 그렇다면 승진?'

우리 회사는 전통적으로 연말에 대규모 인사를 한다. 나는 부장 직을 이미 세 번 거쳤기에 수평 이동보다는 부국장으로 승진하거나 아니면 논설위원으로 전보될 수도 있겠다고 예상했다. 어느 쪽이든 괜찮았지만 왠지 마음은 편치 않았다. 사람은 직감이란 게 있다. 논리적으로는 설명할 수 없지만 뭔가의 기운이 느껴지는 것이 불안했다.

사장 방에 들어섰다. 얼핏 그의 표정이 밝은 것 같지 않았다.

"어, 함 부장, 앉으세요."

사장은 내게 평소와 다르게 존댓말을 했다. 평소 하지 않는 행동은 뭔가 수상하다.

"함 부장도 부장 오래 하셨죠?"

"네. 사회부장, 주간조선 편집장에 이어 국제부장을 맡은 지 1년이 되었습니다."

"아. 이제 편집국도 떠나볼 때가 됐군. 함 부장, 이번에 사업국장이 명예퇴직을 해 떠나게 되는데 그쪽에 가서 일해주세요."

사장의 말에 나는 깜짝 놀라지 않을 수 없었다. 사업국은 스포츠·예술·교육 등 신문사에서 벌이는 각종 사업을 담당하는 부서로, 광고국, 판매국과 함께 신문사의 3대 수입원 부서에 속한다. 그러나 기자가 일하는 곳이 아니라 업무국 직원들이 일하는 곳이다. 물론 편집국 간부를 지낸 사람들이 부서장으로 가기도 하지만, 그것은 곧 언론인으로서 역할은 종료되고 회사 간부로서의 출발을 뜻한다.

'내게 펜을 놓으라니….'

순간 정신이 아득했다. 평생 글쟁이로 살려고 했는데 이게 무슨 날벼락이란 말인가? 허나 마음을 가다듬고 되물었다.

"제가 왜 갑자기 사업국을 맡아야 하는지…. 잘 이해가 되지 않습니다."

"아, 그건, 함 부장이 갖고 있는 추진력과 특파원 때 보여준 어학 실력과 국제 감각, 이런 것들이 우리 신문사 사업에 필요하기 때문이야. 신문사 문화 사업도 주먹구구식에서 탈피해 국제화해야 되거든. 그런 의미에서 함 부장이 적격이지."

사장의 말투나 표정은 어느새 평상을 되찾고 있었고, 내 인사는 기정사실화될 판국이었다. 이대로는 안 된다고 생각하며 나는 할 말을 찾고 있었다.

"저, 사장님…. 사장님의 배려로 저는 발탁됐습니다. 그 점 매우 감사하게 생각합니다. 편집국 내 제 직위를 군인으로 따지자면 사단장이라고 생각합니다. 그런데 평생 보병병과로 살아온 사단장에게 어느 날 갑자기 공병으로, 정훈으로 병과를 바꾸라고 하는데, 그건 아니라고 생각합니다. 저의 경우 기자직을 그만두라는 이야기인데, 저는 받아들이기 어렵습니다."

내 말을 듣는 사장의 표정이 곤혹스럽게 변했다.

"이봐. 함 부장, 회사 어려울 때 도와줘. 나도 함 부장 그동안 도와주지 않았나. 자, 내 말 이해해 주고 따라줘. 그게 다네. 나가보시게."

　사장실 문을 나서면서 나는 내 세계가 변하고 있음을 실감하기 시작했다. 기자의 세계에서 비非기자의 세계로 옮겨가고 있었다. 평생 기자로 살겠다는 청년기 때 다짐은 이제 물 건너갔다. 사실 사장의 간곡한 요청은 도리에 어긋난 말이 아니었다. 그는 평소 나에게 잘 대해줬다. 그러나 나는 받아들이기 어려웠다. 직속상관인 편집국장을 찾아갔다.

　"사장님이 직접 당신을 선택했어. 사업국이 현재 100kg 몸집이라면 당신이 가서 300kg으로 늘려놓고 돌아오라는 얘기지."

　그는 마치 사장의 결정이 나에 대한 '발탁성 인사'라도 되는 듯이 신나게 말했다. 나는 그의 말을 공감할 수 없었다. 이미 회사 내에선 오늘 인사가 있다는 것, 내가 사업국으로 보직 이동한다는 소식이 퍼지기 시작한 모양이다. 이곳저곳에서 전화가 걸려오기 시작했다. 평소 친한 선배가 전화를 했다.

　"사업부장으로 간다며? 내키지 않겠지만 열심히 하면 복귀하겠지. 누가 야로라도 부린 모양이네."

　"사업부장이라뇨? 사업국장 직을 준다고 해도 안 갈 판인데 부장 직으로 수평 이동한다는 겁니까?"

　"그래. 난 그렇게 들었는데."

전화를 끊고 나는 숨을 길게 들이쉬었다. 차분하게 생각하고, 마음을 정리해 보자. 우선 내 인사가 발탁성인가 좌천성인가를 살펴봤다. 명확하게 그려지지는 않지만 거의 좌천성 같이 느껴졌다. 왜냐하면 기자직에서 업무 직군으로 보낼 때는 대부분 승진이나 설득 등 사전 배려가 있었을 텐데 전혀 없었다. 사회부장을 지낸 이가 사업부장으로 이동한 것은 전례가 없는 일이다. 더구나 내 밑에서 일하던 차장 2명도 자리를 옮긴다고 한다. 그렇다면 국제부 상위 3명이 모두 바뀌게 되는 셈인데, 이런 예도 흔치 않다. 우리 부가 뭘 그렇게 잘못했는지 뭔가 일이 잘못 돌아가고 있었다. 단단히 꼬인 셈이다.

'자. 그렇다면 여기에 어떻게 대응하지?'

선택의 기로에 선 것이다. 순간 사표를 내겠다는 생각이 떠올랐다. 사실 나는 22년 동안 회사를 다니면서 단 한 번도 사표를 내겠다는 생각을 해본 적이 없었다. 신문기자들은 대개 성격이 강해 일하다 불만을 품거나 못마땅하면 그 내면의 마음을 사표로 표시한다. 그러면 간부들이 나서서 적절히 위로해 주고 사표를 반려한다. 그런 점에서 신문사 내에서 '사표'는 극도의 불만 해소나 자기 의견 전달의 창구이기도 하다. 그러나 나는 그런 시도는 물론 생각조차 해본 적도 없었다.

그러나 이번에는 다르다. 나는 사표를 내야겠다고 생각했다. 그래야 내가 산다는 생각이 들었다. 논리적으로는 표현하기 어려웠지만, 지금 회사를 나가는 것이 바로 나를 살리고, 내 직장이었던 회사와도 두고두고 좋은 관계를 유지하는 최선의 방도라는 생각이 들었다. 지난 수년간 마음속에서 자리 잡고 있었던 불안과 혼돈의 실체가 드디어 수면 위로 드러나는 것 같았다.

'그래. 행운은 꼭 웃음 띤 얼굴로 다가오지만은 않는다. 때로는 험상궂은 모습으로 다가오기도 한다. 그러나 내가 침착하게 대응하고 잘 극복한다면 결국 행운의 결과를 만들 수 있다.'

그렇게 마음을 가다듬고 마지막으로 광고 담당 상무를 찾아갔다. 사장이 매우 신뢰하는 분인데, 내가 경제부 기자할 때 부장으로 있으면서 나를 많이 챙겨준 이다. 당시 내가 노조 간부로 일하면서 회사와 맞설 때 그는 나를 설득시키고 보호해 주려고 애썼다. 그래서 그분과 상의해 보기로 했다.

"글쎄 나도 함영준은 그 자리가 맞지 않다고 말렸는데…. 내 도움이 필요하다면, 그래 한번 같이 가서 다시 말씀 드리기로 하지. 같이 가세."

김 상무도 내 인사 소식을 알고 있었다. 그는 흔쾌히 내 제의를 수락하고 사장실로 올라갔다.

"이미 제가 인사에 사인을 했습니다. 지금쯤 총무부에서 인사 내용을 게시하려고 할 것입니다."

사장은 번복할 생각이 없는 듯했다. 결국 우리는 빈손으로 나올 수밖에 없었다.

"선배님. 감사합니다."

나를 위로하려는 그를 뒤로 하고 나는 편집국으로 돌아왔다. 더 이상 선택의 여지가 없었다. 사장의 마음을 확인하자 오히려 결정을 내리기가 쉬웠다. 나는 아내에게 전화했다.

"나 회사 그만둔다. 이해해줘. 나중에 설명할게."

단 세 문장을 말한 뒤 전화를 끊었다. 나는 차장에게 "내 대신 저녁회의에 들어가라"고 지시한 뒤 외투를 입고 편집국을 걸어 나왔다. 그리고 다시 들어가지 않았다.

내가 안정된 삶을 박차고 나올 것이라고는 사실 예상하지 못했다. 변화를 시도하더라도 안정된 틀 안에서 하고 싶었다. 회사의 인사가 썩 만족스러운 것은 아니었지만 그렇다고 사표를 낼만큼은 아니었다. 22년 몸담아 온 직장이요, 나를 키워준 곳이었다. 더군다나 회사 대우는 꽤 괜찮은 편이었다. 대학생 자녀 등록금도 전액 지원을 해주는 혜택이 있었다. 나는 그해 큰 아이가 대학에 입학할 예정이었다. 돈이 마구 들어갈 시점이었다. 그런데 나는 앞뒤 재지 않고 사표를 내던졌다.

"나는 지금 행복한가?"

마흔으로 접어들면서부터 나를 돌아보는 시간을 자주 가졌다.

누구보다 열심히 살아왔고, 객관적으로 볼 때 괜찮은 삶을 살아왔지만 내 마음 깊은 곳에서 고개를 끄덕일 만큼 만족한 삶은 아니었다. 내 삶을 되돌아보고 회의를 느끼면서 어떻게 앞으로의 삶을 꾸려나갈지 번민하던 중 위기가 찾아온 것이다.

"그래도 안정된 회사를 박차고 나올 것까지는 없지 않나?"

내 결정에 대해 주변에서는 이해할 수 없다는 분위기였다. 어떤 판단이 더 나은지 정답은 없다. 나처럼 하라고 권고할 만한 것도 아니다. 결국 선택은 각자의 몫이다. 그리고 선택에 대한 책임을 질 뿐이다. 다만 인생을 살면서 단 한 번이라도 자신을 돌아보고 후퇴가 아닌 전진을 위해 새로운 도전을 해볼 필요가 있다는 것이다. 그것이 40대라고 해서 늦었다고 생각할 필요는 없다.

서머싯 몸의 《달과 6펜스》의 모델인 고갱 역시 한때는 안정된 직장의 주식 거래인이었다. 1882년 프랑스 주식시장이 붕괴되면서 그에게도 위기가 찾아왔다. 평소 취미 정도로 그려왔던 그림을 본격적으로 그리며 화가의 길로 들어선 것이다. 그때 고갱은 40대였다. 아무리 40대에 위기가 찾아온다 해도 그것은 끝이 아니라 오히려 기회로 받아들여야 한다. 물론 기회로 만들 줄 아는 사람은 용기 있는 사람이다.

미국의 홀리데이인 호텔을 건축한 윌리스 존슨은 마흔 살 때 그가 목공으로 일하던 제재소에서 정리 해고를 당했다. 당시는 최악의 불황 상태라 그는 해고에 엄청난 충격을 받았다. 절망적인 상황이었지만 그는 굴하지 않고 오히려 건축 사업을 시작했다. 그 후 수백만 달러를 저축하면서 홀리데이인 호텔을 건축하기에 이르렀다.

"나를 정리 해고한 사람에게 감사한다. 그날의 고통이 축복의 관문이었다."

존슨의 회고처럼 위기란 그것을 받아들이는 방법에 따라 절망이 되기도 하고, 희망이 되기도 한다.

나이 마흔은 더 이상 후퇴하는 시기가 아니다. 앞으로 남은 40년이라는 인생을 위해 전진해야 한다. 이 시기마저 놓쳐버리면 언제 또 변화를 꿈꿀 수 있겠는가. 지금이 아니면 더 이상 시도하지 못한다고 생각하라. 40대 그대들은 지금 변화에 대한 마지막 몸부림의 시점에 서 있음을 잊지 말기를.

• 2 •
홀로 선다는 것은
세상의 시선을
이기는 것

　　　　　　세상과 다른 방식으로 살아간다는 것은 때로 위험을 감수해야 한다. 특히나 조직 문화에 익숙한 한국 사회에서는 조직을 이탈해 새로운 길을 걷는다는 것만으로도 사람들의 시선이 그리 곱지만은 않다. 조직에서 누구보다 열심히 일했고, 피해를 끼친 일이 없더라도 '이탈자'에게 관대하지 않다. 그것이 자신의 삶에 좀 더 충실하고자 하는 홀로서기라도 말이다.

　특히 서로 의지할 수 있는 관계라고 믿었던 이에게 비난을 듣는다면 몹시 견디기 힘들다. 이해할 줄 알았는데 이해받기는커녕 마치 인생의 실패자라도 되는 듯 몰아갈 때면 '지난날 내가 맺어온 인간관계가 이런 것이었나?' 하는 회의가 들기도 한다.

나와 꽤 친한 선배가 있었다. 고교 1년 선배로 사회에 나와 20년 가까이 친하게 지낸 사이다. 그 선배는 선친이 일군 사업과 재산을 이어받아 괜찮게 꾸려나가고 있는 유복한 사업가였다. 둘 다 음식과 술을 좋아해서 술친구로 지냈다. 신문사 일로 스트레스를 받으면 나는 그 선배에게 전화를 걸었다. 내게는 마음 편하게 언제라도 전화해 한잔 할 수 있는 친구들이 몇 명 있는데, 그도 그런 고마운 사람이었다. 술을 사면서 그는 내게 무엇을 바라거나 부탁하지 않았다. 그저 같이 술 먹고 이야기하는 게 전부였는데, 말수가 없는 그는 늘 내 이야기를 들어주는 편이었다.

그날도 내 이야기를 이어갔다. 회사를 나오겠다고 결정한 뒤 며칠 되지 않아서 할 이야기가 많았다. 회사를 나오려는 사정과 앞으로의 계획을 마치 내 자신에게 말하듯 그에게 털어놓았다.

"앞으로 사무실을 내서 책 쓰고 컨설팅 업무를 해보려고. 최소한 2년간은 어떤 조직에도 안 들어가고 혼자 지내면서 내 자신을 단련시키며 지낼까 해. 어차피 상당 기간 소득은 끊길 것이니 퇴직금으로 버텨야지, 뭐. 그래도 손실을 최소화하려면 프리랜서로 신문이나 잡지에 글도 쓰고 책도 내야겠지? 원고료 수입을 매달 200만 원 정도로 예상하고 있어. 중학교에 다니는 딸하고 대학교에 입학할 아들 교육비 등을 합쳐 우리 네 식구의 생활비를 최소한 500만 원으로 잡는다면 한 달에 마이너스 지출은 300만 원 정도 되겠지. 1년으로 환산하면 3,600만 원, 3년이면 1억 원 정도 손실을 보겠군. 어쨌든 그런 과정을 거치면서 독립적인 내 삶을 꾸려가려고 해."

내가 이렇게까지 말을 하면 그는 "그간 고생 많았네" 하면서 어깨라도 툭툭 쳐주며 위로해 줄 거라 기대했다. 그런데 그는 매우 부정적인 반응을 보였다. 우선 내가 회사를 나온 것부터 못마땅하게 여겼다.

"그만한 일로 회사를 뛰쳐나와? 남들은 회사 생활하며 얼마나 많은 수모를 겪고 고생하며 견디는데…. 나는 함 부장이 세파에 적응할 준비가 돼 있다고 생각하지 않아. 전혀! 지금도 대 신문사 부장이란 생각에 차 있어. 남에게 뭐라고 부탁하면 다 들어줄 것이라고 생각하고 있겠지. 천만에 말씀! 착각이야."

그의 말투는 점점 강해졌고 눈빛은 더욱 비판적으로 변했다.

"IMF 시절, 돈 꾸러 다닐 때 정말 힘들더라. 내가 사업에 실패한 것도 아닌데 모두 외면하는 것이야. 나하고 가까운 사람들조차도. 함 부장이 사무실 내고 뭘 한다고 하는데, 우선 돈이 매달 얼마나 나가는지부터 따져보게. 지출이 얼마나 무서운지…."

사실 나는 그와 재정 문제에 대해 의논하고 싶었다. 매달 들어가는 사무실 비용이며 여타 경비도 많으니, 조금이라도 손실을 줄이기 위해서는 그의 도움이 필요했다. 선배의 일 중 일부를 도와주고, 그에 대한 비용을 받는 것에 대해 상의해 보려고 했었다. 그러나 그런 말을 꺼내기도 전에 호된 비판을 받은 거다. 그의 그런 모습은 처음이었다. 표현이 매우 단정적이었고 내용 역시 신랄하고 비판적이었다. 이제껏 드러내지 않았던 자신의 심경을 토로하는 것도 같았다.

"그런 식으로 살다간 결국 사회에서 잊혀진 인물이 될 거야! 그러니 지금이라도 늦지 않았어. 신문사에다 사정해 복직하는 게 최선의 수야."

나는 입맛이 매우 썼다. 그의 비판이나 훈계는 어찌 보면 당연한 지적이었다. 신문사 간부로 있다가 인사에 불만이 있다고 일순간에 사표를 내는 게 성숙한 모습이라고 할 수도 없고, 무턱대고 혼자 프리랜서로 뛰겠다는 데 동의할 수도 없을 것이다. 감정 하나 제대로 조절하지 못하는 사람으로 비쳐질 수도 있고, 자식들 앞날도 고려하지 않는 무책임한 가장으로 공격받을 수 있다. 또 그동안 잘해준 회사를 배신한 인물로 매도당할 수도 있다. 지금의 내 행동만 놓고 본다면 말이다.

'그 사람의 내부에서 어떤 변화가 일어나는지는 아무도 모른다. 그렇기 때문에 타인에 대한 비난은 늘 잘못된 것이기 일쑤이

다. 우리가 어떤 판단을 내렸을 때 그는 이미 딴사람이 되어 있을 수 있다.'

법정스님이 《산에는 꽃이 피네》에 남긴 글처럼 사람의 행동에는 당장 설명할 수 없는 것들이 있다. 때에 따라서는 좋지 않은 쪽으로 비쳐질 수도 있지만 궁극적으로 옳은 판단에서 비롯된 일이며 올바른 결과로 귀결되는 일들도 있다. 내 '독립선언'도 그렇다. 제2의 인생을 시작하는 길을 열고, 나를 더욱 단단하고 바르게 만들기 위한 불가피한 수였다. 기득권을 누리며 안주하기보다 밑바닥부터 다시 헤쳐 나가겠다는 내 인생의 독립의지였다.

내 의지와는 달리 다른 사람들은 그렇게 생각하지 않았다. 물론 겉으로만 봐서는 오해할 수도 있고, 비판할 수도 있다. 그렇다 치더라도 나를 잘 아는, 오랫동안 알고 지냈던 가까운 친구나 선후배는 나의 진정성이나 의도를 이해할 수 있으리라 생각했다. 설령 실수나 잘못으로 회사를 나왔더라도 감싸고 격려하는 게 인지상정 아닌가.

그런데 그는 내 생각과는 너무도 달랐다. 나를 잘 모르는 사람보다 더 혹독한 기준으로 공격해 왔다. 예전에 내가 술 먹고 객기 부릴 때도 온화하고 인내심 있게 받아주던 모습은 사라지고 오로지 싸늘한 모습뿐이었다. 단 한 마디 격려도 없었다. 그저 내가 무책임하고, 세상물정 모르는 철부지로 보이는지 신문사로 돌아가

빌라는 말뿐이었다. 지난 22년간 한 직장에서 열심히 살아온 '성실성'과 '참을성'의 나는 어느 곳에도 없었다.

집에 돌아갈 때 나는 평소대로 그의 승용차에 올라탔다. 당시 우리 집은 수서 쪽이었고, 그는 사당동 쪽이었다. 그래서 중간 지점인 양재동에 세워줘서 거기서 택시를 타곤 했다. 그날도 그러려니 생각하고 승용차에 올라탔다. 한참 침묵이 흘렀는데, 차가 강남역 사거리 앞에 왔을 때 갑자기 그가 말했다.

"차에서 내리게."

나는 순간 말을 알아듣지 못해 뭐냐고 되물었다.

"차에서 내리란 말이야. 여기서. 지금!"

그때까지도 난 정확한 그의 말뜻을 알아채지 못했다.

"아니 선배, 나는 양재동까지 가야지."

"글쎄 여기서 내리란 말이야. 말귀도 참 못 알아듣네."

그의 역정어린 소리를 듣고서야 비로소 나는 그 말이 무슨 의미인지 깨달았다. 더 이상 나와 함께 있고 싶지 않다는 완곡한 표현이었다. 내가 차에서 내리자마자 휑하니 차가 떠나갔다. 1월 말 영하 10도의 추위가 내 코트 속을 엄습했다. 차가운 바깥 날씨보다, 내가 잘 안다고 여겼던 사람의 냉철한 시선이 얼음장처럼 온몸을 저며 왔다. 그러다 갑자기 속에서 불덩이 같은 것이 치밀어 올랐다.

'참 더러운 세상 인심이구만. 내 판단에 따라 퇴사를 했고, 그 과정에서 우리 가족 외에 누구에게도 피해를 준 적이 없지 않는가. 손도 벌리지 않았는데 왜 이런 식의 대우를 받아야 하나. 그것도 내가 아주 가깝다고 여긴 이에게 말이다. 충고라면 좋다. 쓴 약은 몸에 좋은 법이니까. 그러나 그가 보여준 모습은 충고가 아니라 단절이었어. 더 이상 서로 관계를 유지할 필요가 없다는 거지. 앞으로 이런 더러운 일이 얼마나 많이 일어날까.'

새삼 가슴이 무거운 돌에 짓눌리는 것 같았다. 그런데 놀라운 일이 내 마음 속에서 일어났다. 한쪽으로는 감정이 격앙돼 호흡도 곤란할 정도인데, 마음 다른 한편에선 아주 냉철한 또 다른 자아가 내게 말을 건 것이다.

영준아. 바로 지금 이 상황을 너는 느끼고 깨달아야 한다. 네가 기대하던 것이 이런 상황 아니었나? 어려운 상황을 직접 맞닥뜨려 보겠다는 것, 그 상황에서 느끼는 좌절과 분노 같은 감정을 억제하고 다스리겠다는 것, 그 과정을 거치면서 너를 사람답게 만들자는 것, 사람이 된다는 것, 그것이 네가 진정 원하는 것 아닌가?

그래서 고생을 사서 하려는 것이잖아? 너는 저 선배에게 감사해야 된다. 그가 인생의 냉혹함과 연약하기 이를 데 없는 인간관계의 허실虛實을 웅변적으로 보여줘서 너를 깨닫게 만든 사람이라는 걸 기억해라.

다만 한 가지 유의할 점은, 절대 저 사람에 대해서 분노나 미움의 감정을 갖지 마라. 그러면 너만 손해다. 사람이 누군가에게 그런 감정을 갖고 산다는 것부터가 힘든 일이다. 그런 것에 휩싸여 에너지를 낭비하기에 너는 갈 길이 너무 멀다.

언젠가 교회에서 들은 설교 내용이 생각났다. 구약성서에 '한나와 브닌나'라는 유명한 이야기가 있다. 두 사람은 모두 엘가나의 아내들이었다. 첫 부인인 한나는 자식이 없었고, 둘째 부인인 브닌나는 자식이 있었다. 자식이 있는 브닌나는 늘 한나를 업신여기고 함부로 대했다. 한나의 괴로움은 이루 말할 수 없었다. 남편은 그런 한나를 사랑하고 배려했으나 고통은 사라지지 않았다. 한나는 하나님께 기도했고 소망했다. 결국 한나의 정성에 감동한 하나님이 한나에게 아들을 선물했다. 그가 바로 이스라엘 민족의 지도자가 된 사무엘이었다.

성경의 핵심은 한나의 겸손한 태도와 간구가 그런 복을 받게 만든 것이라는 해석이 일반적이다. 그러나 브닌나라는 사람이 있었기에 한나가 진정 하나님의 자식이 될 수 있었다는 해석도 있다. 만약 브닌나의 멸시와 천대가 없었다면 한나는 자족하면서 세상을 살았을 것이고, 그러면 하나님께 간절히 다가가는 일도 없었을 것이라는 얘기다. 우리들에게는 모두 '브닌나'가 있다. 그 사람에게 고마워해야 한다.

어느새 내 눈에는 눈물이 그렁그렁 흘러내리고 있었다. 참으로 오랜만에 나오는 눈물이었다. '인마, 웃어. 웃으란 말이야. 이제 제대로 새 인생을 살아보자' 라고 되뇌며 나는 번쩍 손을 들고 택시를 불렀다.

솔직히 그때는 그 선배가 왜 그랬는지 이해가 되지 않았다. 잘 나가는 신문사 기자를 후배로 두고 있다는 허세를 즐기고 싶었는지, 아니면 진정 아끼는 후배가 잘못된 길을 가려는 걸 막고 싶어서 그랬던 것인지 알 길이 없었다. '과연 나라도 그렇게 했을까?' 하고 생각해 본 적도 있었다. 만약 나였다면 인생 제2막을 살아보려는 후배에게 격려는 못할망정 호되게 비난을 퍼붓지는 못했을 것 같다. 물론 혹독한 비난이 더욱 단단하게 허리끈을 묶게 할 수도 있겠지만 말이다.

홀로 선다는 것은 세상의 혹독한 시선조차도 이겨낼 마음의 준비가 수반돼야 한다. 그래야 진정 새로운 출발에 박차를 가할 수 있다. 나약한 정신력으로는 홀로 선다는 생각조차 하지 말아야 한다. 누군가에게 의지를 한다거나 위로 받을 생각 역시 접어야 한다. 지금까지 자신이 알아왔던 세상과는 또 다른 시선으로 바라본 세상이 홀로 선 사람들을 맞이한다는 것을 각오해야 하리라.

홀로 선다는 건

가슴을 치며 우는 것보다

더 어렵지만

자신을 옭아맨 동아줄,

그 아득한 끝에서 대롱이며

그래도 멀리,

멀리 하늘을 우러르는

이 작은 가슴.

젊은 시절엔 그저 서정적으로만 느껴지던 서정윤 시인의 〈홀로서기〉가, 나이가 들어서인지, 아니면 바로 이 시에서 묘사된 상황과 비슷해서 그런지 가슴에 사무쳤다. 누구도 내 상황을 대신해 줄 수 없고, 때로는 마음조차 이해받지 못하는 상황으로 내몰리게 됐다. 결국 홀로 선다는 것은 '자신을 옭아맨 동아줄, 그 아득한 끝에서 대롱이며' 견뎌야 하는 일이다. 그래도 '멀리 하늘을 우러르는' 작은 희망을 가슴에 안고 사니 절망할 필요는 없다.

  희망이 있는 한 세상의 시선에 대해 두려워하지 말아야 한다. 주위 사람들이 내 인생을 살아주는 것도 아니고, 내 인생은 내가 사는 것이니까.

## •3
## 마무리는 깔끔하게
## 시작은 신중하게

살아가면서 마무리를 해야 할 때가 한 번씩 찾아온다. 새로운 길을 찾아 나선 이들에게는 특히 마무리가 중요하다. 이 사회란 관계망으로 이뤄져 있어 끊고 맺음을 제대로 하지 못하면 오해와 비난을 살 수 있다. 그러나 마무리란 게 생각처럼 쉽지는 않다. 마무리를 어떻게 하느냐에 따라 관계를 계속 유지할 수도, 단절이 될 수도 있기 때문이다.

오랫동안 근무한 직장에서 홀로서기를 해야 할 때, 떠나는 뒷모습을 아름답게만 봐주지 않는다. 조직에서 이탈한 미운 오리 새끼가 되어 이해받지 못하는 일도 생긴다. 끝이라고 그냥 끝나는 것이 아니다. 그 다음을 위한 끊고 맺음이 있어야 한다. 새 출발이 그 이전의 것과 단절이 아니라는 것을 이해시키고 설득시키는 과정 또한 필요하다는 걸 경험을 통해 깨닫게 됐다.

화드득 잠에서 깨어난 아침, 그저 모든 게 몽롱하고 머리는 무거웠다. 엄청난 양의 알코올 기운이 몸에 남아 뇌 전체를 짓누르고 있었다. 그대로 드러누운 채 지난밤 기억을 더듬기 시작했다. 후배와 함께 술을 마신 장면까지는 어렴풋이 떠오르는데 어느 순간 필름이 끊어져 전혀 기억에 남아 있지 않았다.

갑자기 덜컥 겁이 났다. 취중에 내가 어떤 행동을 했는지, 누군가에게 행패라도 부리지 않았는지 걱정이 됐다. 나는 원래 기분이 좋지 않으면 술을 먹지 않는다. 기분이 나쁠 때 술을 마시면 사고 치기가 쉽고, 자칫 주기酒氣가 어떤 일을 불러일으킬지 모르기 때문이다. 이른바 술주정은 자신의 좋지 않은 감정을 술로 진정시키려다가 도리어 격발돼 나오는 양태다. 그런 모습을 워낙 많이 봐왔고, 나 역시 젊었을 적에 적지 않은 경험이 있어 기분이 나쁘면 가급적 술을 피하곤 했다.

반면 기분이 좋은 날에는 편하게 술을 마셨다. 때로 많이 마셔 취했을 경우에도 애교나 너스레는 떨어도 주정에 이르지는 않는다. 마음이 편한 상태라 상대방이 격발을 해도 너그럽게 받아들일 수 있었다.

그런데 요즘은 내 인생에서 가장 힘든 시기다. 회사를 떠나기로 결심하고 앞날이 막막한 상황에서 술에 취한 상태로 누구와 대화를 나누다 무슨 일을 저질렀는지 모르는 상황이다. 혹시나 하는 마음에 얼굴을 쓰다듬어 보았다. 몸도 이리저리 움직여 보았는데 다행히 멀쩡했다. 그 다음에 점검해야 할 것은 지갑! 살며시 일어나 어젯밤 벗어던진 양복을 찾아 주머니를 뒤져보았다. 아뿔싸! 아무것도 없었다. 혹시 다른 곳에 뒀나 싶어 여기저기를 살폈지만 아무 데도 보이지 않았다. 지갑 속 현금이야 어쩔 수 없지만 신용카드, 주민등록증, 기자 신분증 등은 중요한 것이다.

'만약 누군가 잃어버린 신용카드를 주워 마구 사용하거나 내 신분증을 이용해 기자를 사칭하는 사건이 일어나면 어떻게 되지?'

사람이 힘든 상황에 직면하면 모든 일이 부정적이거나 비관적으로 여겨진다는데, 딱 그런 형국이었다. 망연자실해서 소파에 앉아있는데 아내의 목소리가 들렸다.

"당신, 어젯밤 어떻게 들어왔는지 알아?"

아내는 새벽 2시가 넘도록 내가 들어오지 않자, 계속 핸드폰에 통화를 시도했는데 응답이 없었다고 했다. 무슨 일이 생겼나 노심초사하며 잠 못 이루던 아내는 새벽 3시쯤 나를 태운 운전기사의 전화를 받았다. 엉망으로 취한 내가 행선지도 말 못하고, 집 전화 번호도 대지 못해 기사가 대신 핸드폰으로 전화를 한 것이다. 결국 나는 무사히 집에 돌아왔지만 지갑은 어디에서 잃어버렸는지 이미 사라진 상태였다. 아내는 우선 신용카드부터 분실신고를 해 사용을 정지시켰다.

내 신분과 경제적 보장을 내놓아야 하는 것처럼 지갑 분실이 내 처지인 것만 같아 마음이 허탈했다. 지금 내가 술 취해 인사불성이 되어야 할 때가 아닌데, 회사를 정리하는 문제가 내겐 엄청 스트레스였던 모양이다. 내가 왜 그 정도까지 되었는지 어제 일을 더듬어 보았다.

나는 어제 새벽까지 책상에 앉아 사장에게 보내는 편지를 작성했다. 왜 회사를 떠나려고 결심했는지에 대해 설명하고 최근 편집국 내부 사정에 대해서도 간단히 언급했다. 나를 붙잡아달라는 의도가 아니라 결국 떠날 수밖에 없으니, 내 사표를 수리해 달라는 내용으로, 일종의 최후통첩이었다.

> 사장님께
> 회사에서 일할 때 회사가 평가하는 회사원의 값어치가 있고, 회사원 스스로가 평가하는 자신에 대한 값어치가 있습니다. 이 양兩 평

가치가 서로 비슷할 때 양자의 관계는 조화롭게 되고, 그 성과는 시너지로 확대될 수 있는 반면, 양측의 평가가 상이할 때 갈등과 불화가 시작된다고 봅니다.

저는 22년 가까이 신문사에 봉직하면서 이번에 처음으로 "회사를 떠나야 할 시점이 됐구나!"라는 생각을 했고, 지난 10여 일간 숙고하면서도 같은 결론에 도달했습니다. 여러 분들이 "이 어려운 현실에 일순간 감정으로 대책 없이 회사를 떠나서야 되겠는가?"라는 말씀들을 해주셨지만, 역설적으로 50대를 앞두고 있고, 이제 큰 놈이 대학을 가는 제 인생 후반부의 중차대한 시점에 왜 가벼운 판단으로 사표를 내겠습니까.

언론인으로서 제가 서고, 뛸 수 있는 기회를 준 고마운 직장, 그것도 국내 최고의 신문사를 떠나야겠다고 결심한 이유는 복합적이지만 적어도 대강의 줄거리는 솔직히 사장님께 말씀드리고 가는 것이 도리라고 생각해 이렇게 편지로 대신합니다.

첫째, 제가 회사에 짐이 되고 싶지 않아서입니다. 제가 언론인으로서 '수명'이 다 됐다면, 나가는 것이 조직원으로서 도리라고 생각합니다. 회사에서 '배려' 차원에서 사업부장직을 제의한다고 해도, 적어도 조선일보에서 사회부장, 주간조선 편집장 국제부장을 지낸 중견 언론인이라면 이를 사양하는 것이 바른 태도라고 봅니다. 저는 20년 넘는 취재 생활 중 자신의 거취去就 문제에서 오락가

락하는 공인公人들을 자주 지켜봤습니다.

둘째, 회사에서 신문사 사업부를 활성화시키기 위해 저를 '발탁' 했다손 치더라도 저는 수용하기 어렵습니다. 적임자가 아니기 때문입니다. 어떤 일을 잘하기 위해서는 그 분야의 전문적 지식이나 경력도 중요하지만, 무엇보다 잘해보겠다는 의욕과 자신감이 필요한데 저는 그 어느 것도 갖고 있지 못하기 때문입니다. 비록 제가 회사의 뜻을 받아들여 그 직에서 근무한다손 치더라도 업무 성과보다는 "언제쯤 기자로 돌아가나"에만 촉각을 곤두세우고 회사에 대한 불만만 늘어놓는, 시쳇말로 '월급만 축내는 봉급쟁이'로 전락할 것이 뻔합니다. 조선일보나, 본인을 위해서나 바람직하지 못하다고 생각합니다.

셋째, 언론인으로서, 특히 제가 국제부장직을 맡으면서 실적과 관련된 문제가 있었다면 차제에 한 가지 해명을 하고 넘어가야겠다고 생각합니다. …(중략)…

저는 지난 22년간 신문사에 봉직하면서 참으로 잘 지냈습니다. 때로는 정열과 성급함에서 나온 실수도 있었지만 회사는 저에게 기회를 주고 배려를 해주셨습니다. 그동안 좋은 추억을 잘 간직하겠습니다.

감사합니다.

오전에 퀵 서비스로 편지를 사장에게 보냈다. 이제 회사와의 관계는 끝났다고 생각하니 내가 원하고 선택한 길이지만 마음은 허탈하고 막막하기 이를 데 없었다. 왜 이런 선택을 할 수밖에 없는지, 마음을 돌릴 수는 없는지, 다시 한 번 생각해 봤지만 내면 깊숙한 곳에서는 여전히 '노'라고 대답하고 있었다.

오전 11시쯤 고교 선후배 몇 명과 점심을 하기 위해서 집을 나섰다. 영하 10도가 넘는 강추위가 매섭게 다가왔다. 휴가 때 빼놓고는 이런 시간에 집에서 나서 보기도 처음이었다. 어슬렁어슬렁 아파트 문을 나서는 내 모습이 실직자나 퇴직자 행색 같아 마음에 걸렸다. 누가 그렇게 봐서가 아니라 내 생각일 뿐이겠지만 말이다. 아파트 경비원이나 지나가는 사람들이 그렇게 보지 않을까 하며 위축이 됐다.

문득 몇 년 전 일이 생각났다. 휴일에 새벽골프를 치기 위해 친구 집 아파트 앞에서 기다리고 있는데, 어떤 사람이 고개를 푹 숙인 채 내 쪽을 외면하면서 걸어가고 있었다. 찬찬히 살펴보니 해외 근무할 때 알게 된 은행지점장이었다. 얼마 전 그가 조기 퇴직했다는 소식을 들은 바 있었다. 과거 그는 늘 당당하고 자신 있는 모습이었다. 그런데 죄지은 사람도 아닌데 휴일 아침 구부정한 자세로, 사람도 쳐다보지 않고 자신 없는 모습으로 걸어가고 있었다. 정황상 그는 분명히 나를 보았을 테지만 못 본채 지나치고 있었다. '아, 사람이 직장을 그만두면 저렇게 되는 구나'라고 생각했는데 오늘 내가 딱 그 모습 같았다. 괜히 죄지은 사람처럼 주위를 두리번거리며 걷는 내 모습이.

평소 같으면 으레 택시를 탔을 것이다. 그러나 이제 실업자가 된 이상 한 푼이라도 아껴야 된다는 마음에서 잘 타지 않던 마을버스 정류장으로 향했다. 그런데 마을버스 정류장의 노선표가 눈에 잘 들어오지 않았다. 나는 일원동에서 삼성동으로 가야 하는데 정류장 노선표는 그 반대인 것 같았다. 누구에게 물어보기도 쑥스러워 버스가 오자 그대로 올라탔다. 그런데 버스는 한 정거장을 더 간 뒤 종점에 도착했다. 나는 반대로 탄 것이다. 운전기사는 한심스럽다는 듯 내게 말했다.

"반대편에서 타시거나 누구에게 물어보시면 될 일 아닙니까? 하여튼 여기서 10분 기다리면 버스가 나오니 그때 타세요."

나는 갑자기 금치산자禁治産者가 된 기분이었다. 초등학생도 알고도 남을 버스 방향을 산전수전(?) 다 겪은 내가 몰라 헤매고 있었다.

우여곡절 끝에 선배 사무실에 도착했다. 괜히 죄진 듯한 기분, 자신 없는 태도, 이게 내 모습이라니, 스스로도 받아들이기 힘들 지경이었다. 바로 얼마 전까지만 해도 장관, 국회의원, 외국 대사 등과 만나 의견을 나누는 우리나라 '오피니언 리더' 중 한 사람이었던 내가 마치 추락해 인생낙오자가 된 듯한 기분이었다.

  오후에 선배 사무실에 앉아서 걸려오는 전화를 받았다. 모두 회사 선후배, 동료들로 나를 걱정하고 빨리 돌아오라는 전화였다. 고맙기도 하고 반갑기도 했지만 그럴수록 내 마음은 더욱 굳어져 갔다. 마치 운명처럼 미지의 세계에서 나를 끌어당기고 있는 듯 말이다. 사장이 내 편지를 보았는지가 궁금했다. 오후 5시 넘어 사장이 드디어 내 편지를 봤다는 것을 알았다.

  아마도 그때부터였던 것 같다. 점심때 만난 선후배와 함께 근처 정종 집으로 향했다. 나는 허탈감과 좌절감으로, 두 사람은 내 기색이 심상치 않은 것을 감지했는지 나에 대한 배려로, 셋은 말도 없이 계속 잔을 비웠다. 계속 빈속에 술을 들이부었는데 다음에 간 위스키 집에서도 마찬가지였다. 그러다 보니 몸도 가누지 못할 정도로 취하게 됐고, 마침내 필름이 완전히 끊긴 것이었다.

  어제 상황에 대한 복기復棋를 마친 나는 흐트러진 상황을 빨리 정상화시켜야 했다. 주민등록증을 새로 신청하고, 은행에 가서 신용카드를 재발급 받아야 했다. 그저 급한 마음에 한시라도 빨리 처리해야 덜 불안할 것 같았다. 바로 차를 몰고 나왔다. 그런데 갑자기 차가 대로변에서 고장이 나 정지해 버렸다. 이런 일은 처음이라 마음이 헝클어지려는데 문득 '불행한 일들은 연속으로 일어나는 법'이라는 생각이 스쳤다. 그래서 오늘 일은 액땜이라 치고 당분간 마음을 단단히 먹기로 스스로에게 주입을 시켰다.

  차를 서비스 회사에 맡기고 동사무소에 가서 주민등록증 분실 신고를 하느라 여념이 없는데, 어제처럼 휴대폰에 불이 나기 시작했다. 아마 내 편지를 본 사장이 오늘 오전 편집국 간부들에게 불호령을 내린 모양이다.

  "빨리 함영준이를 설득해 나오게 하세요!"

  동기, 후배, 선배, 평소 나와 친한 신문사 동료들이 총동원돼 나를 설득하기 시작했다. 아내에게 전화를 해 설득하는 사람도 있었고, 집으로 찾아와 기다리는 후배도 있었다. 심지어 '폭탄 없이 이별 없다'는 문자메시지도 왔다. 평소 폭탄주를 즐기는 사람들이라 폭탄주를 하며 이야기하자는 취지인 것 같은데 지금 상황에 맞는 메시지는 아니었다.

  나는 아무도 만나지 않았다. 이미 지난 10여 일간 여러 사람들을 만나 나눌만한 이야기는 모두 나눈 상태였다. 나는 조선일보로 돌아갈 수 없었고, 돌아가서도 안 된다고 되뇔 뿐이었다. 나는 스스로 유배를 선택했다. 당분간 내게는 힘든 시기일 것이며 그것을 견뎌야 하고 겪어야 한다고 나사를 조이듯 스스로를 조였다.

  많은 사람들이 만난 지 얼마 되지 않았을 때, "우리 인연인가 봐요" 하면서 친근감을 표시한다. 그런데 나는 어느 영화 대사에서도 나왔지만 '인연은 시작이 아니라 끝에야 깨닫는 것'이라고 생각한다. 그만큼 인간관계에 있어 마무리가 중요하다는 말이다.

정리하기로 마음먹었으면 깔끔하게 마무리해야 한다. 발 하나는 이전의 조직에 걸치고, 다른 발 하나를 밖에 걸치고 있다고 해서 본인의 가치가 올라가는 것은 아니다. 단기간의 가치는 올라갈지언정 이미 그 사람은 깔끔하지 못한 캐릭터로 남게 된다. 정리를 하되 그 조직에 예의는 차려야 한다.

끊고 맺음을 잘해야 시작도 그만큼 활력을 찾을 수 있다. 정리를 한다는 것은 단순히 자기가 속한 조직과 관계에 국한되지 않는다. 바로 자신에 대한 정리도 필요하다. 지난날에 대한 집착이나 미련은 버리고, '내가 누구였는데'라는 생각에서 벗어나 새로운 '나'로 다시 태어나야 한다.

그리고 시작할 때는 신중하게 해야 한다. 나이 들어서 시작하는 것이 결코 쉬운 일은 아니며, 열정만으로 밀어붙인다고 능사가 아니다. 시간이 걸리더라도 실패할 확률을 최대한 줄이는 신중을 기해야 한다. 시간을 투자해서 철저히 준비해야 어렵게 얻은 기회를 놓치지 않을 수 있다.

# •4
# 마흔에 맞는 태풍은
# 지나가는
# 바람으로 여겨라

40대를 지나보니 40대가 참으로 힘들고 아픈 시기였음을 깨닫게 된다. 우리 인생에서 40대는 어느 정도 사회적 지위에 도달한 시기라고 하지만, 육체적·정신적으로 젊음을 잃어가는 쓸쓸함을 맛보는 시기이기도 하다. 또한 인생의 정점이 시작되는 중요한 때인데, 그보다 중요한 것은 건강을 점검해야 할 때라는 것이다. 일에 많은 시간과 열정을 쏟다 보면 건강에는 소홀하게 된다. 40대에 받는 부담과 스트레스는 최고에 이른다는 걸 알고 있는가?

'나는 아무 것도 할 수 없다' '나를 받아주는 곳은 어디에도 없다' '나는 무엇을 위해, 누구를 위해 살아야 하는가?'라는 자기 상실감에 빠지기 쉬운 40대, 어깨를 짓누르는 경제 문제까지 절망의 늪으로 빠지게 한다.

가족들을 위해 자기를 돌볼 새 없이 살아왔지만 가족들은 더 이상 젊다고 할 수 없는 40대를 인정해 주지 않는다. 게다가 직장을 잃은 실업자가 되었다면 그 처지가 말이 아니게 된다. 절망을 딛고 일어서려고 해도 세상이 만만치 않다. 심지어는 '자살'이라는 극단적인 방법을 취하는 이들도 있는데, 자기 정체성에 대한 위기감에 인생의 허무함과 절망이 합쳐진 까닭이 아니겠는가.

20대만 아픈 게 아니다. 위기의 시기를 보내고 있는 40대도 아프다. 나의 40대도 그렇게 아팠다.

신문기자들은 직업상 부지런하지 않을 수 없다. 빠르고 정확한 뉴스를 전달하기 위해서는 남보다 먼저 일어나고, 늦게 자야 하기 때문이다. 다만 조·석간신문에 따라 하루 사이클이 다르다. 석간신문의 경우 일찍 자고 일찍 일어난다. 낮 12시면 신문이 인쇄, 배포되기 때문에 석간기자들은 보통 새벽 4~5시에 일어나 출근한다. 대신 여유 있는 오후 시간을 보내며 저녁에 일찍 잠을 잔다.

반면 조간신문은 늦게 자고 늦게 일어난다. 아침에 신문이 배달되기 때문에 한밤중 야근이 일상화돼 있다. 별일이 없는 날도 집에 들어가는 시간은 밤 12시, 새벽 1시를 넘길 때가 많다. 상대적으로 아침은 넉넉한 편이다. 보통 오전 7시 전후에 일어나 9시~9시 반까지 출근한다. 내 경우는 아침에 일어나 운동하고 신문까지 다 보느라 준비하는 시간이 길어 오전 6시~6시 반에 일어났다.

22년을 숨 돌릴 틈 없이 바쁘게 살아온 터라 회사를 나오면 좀 느긋하게 생활을 할 줄 알았다. 어차피 당장 성취를 목표로 하거나, 승부할 생각도 없고 상황도 그렇지 않았다. 그러나 '백지 상태' 미래에 대한 불안과 막막한 현실에서 비롯된 조바심이 나를 그냥 두지 않았다. 출근할 필요도 없고, 시간에 쫓길 이유도 없는데 나는 새벽부터 잠이 깼다. 현역 시절보다 더 일찍 눈을 뜨는 것이었다. 그것도 악몽과 불안 속에서.

새벽 3시가 지나면 나는 의식이 깨어나면서 가假 수면 상태로 침대에서 뒤척인다. 온통 식은땀에 이불과 속옷이 흠뻑 젖어 있다. 온갖 걱정과 비관적인 생각, 두려움이 내 의식을 사로잡는, 매우 불안한 상태로 잠을 이루지 못한다. 차라리 잠이 깨지 않았으면 할 정도로 절망이 가득했다. 회사를 나온 이후 줄곧 편안한 잠을 이루지 못했다.

그렇다고 전날 일찍 잠자리에 드는 것도 아니었다. 어제도 자정을 넘어 새벽 1시 넘어서까지 인터넷을 뒤적이며 이 생각 저 생각하면서 시간을 보냈다. 결국 온전한 잠은 하루 2~3시간밖에 못 자는 셈이다. 나머지는 머리가 멍한 불면의 시간들이었다.

'아! 사람이 이렇게 망가지는구나.'

아침에 일어나도 몸이 개운치 않고 마음도 편치 않았다. 아내에게 새벽 산행을 가자고 했더니 싫다고 했다. 최근 들어 아내는 부쩍 거절하는 사례가 많아졌다. 함께 교회 가는 것도 거절하고, 외식하자고 하면 "무슨 돈이 있어 외식 하냐?"며 거절한다.

혼자라는 생각에 마음이 울컥할 때가 있다. 그러나 그럴수록 더욱 조심해야 한다며 애써 마음을 다스렸다. 사소한 일에 그나마 갖고 있는 에너지를 빼앗기고 심신이 피로하면 충분히 가능할 일도 불가능해지고, 결국 내가 지는 것이 되니 말이다.

아침 조간신문을 다 보고서 시간을 보니 아침 7시 30분. 오늘도 새벽 4시에 잠이 깨 컴퓨터, 독서, 그리고 명상을 했다. 심란한 마음과 꼬리에 꼬리를 무는 상념에서 벗어나기 위해서였다. 머리가 아파서 계속 손으로 머리를 두드렸다. 특히 정수리 옆이 몹시 아파 왔는데, 아마도 신경성 편두통이 아닐까 싶었다. 지금의 내 상황이 스트레스를 받기 딱 좋은 조건이었다.

집에서 간단히 스트레칭을 한 후 집을 나섰다. 올해는 강추위의 연속이라 수은주가 영하 10도 이하로 떨어져 있었다. 아파트 뒤 대모산으로 향했다. 산에 오르면서 '지금 이 시간에 산에 오르니 주위에서 날 백수로 보겠구나' 라는 생각에 자꾸 주위를 두리번거리게 됐다. 그런 상황에서도 신문사와 동료들 생각이 계속 꼬리를 물었다.

'지금쯤 마누라 배웅을 받으며 출근을 하겠구나.'
'사건기자들은 이미 경찰서 형사계를 뒤지고 있겠지?'
'오늘 우리 정치부 기사는 특종인가? 다른 신문에선 못 본 것 같은데?'
'1면 사진은 아주 좋던데, 제목은 뭐 그래?'
'그런데 함영준. 넌 지금 뭐하고 있는 거지?'

산에까지 와서 전 직장 생각을 하고 있는 내가 한심스럽게 여겨졌다. 마음과 정신을 비우고 애써 주위 풍광에 눈을 돌렸다. 겨우 마음을 다잡으며 대모산 정상에 올라가 강남, 한강, 강북, 북한산이 한눈에 펼쳐지는 풍경을 바라보면서 긍정적인 생각으로 방향 전환을 시도하려 했다.

산에서 내려오는데 엊그제 같은 시간대에 만난 사람과 조우했다. 며칠 전 그는 영어를 암기하고 있었는데 오늘도 뭔가 혼자 지껄이면서 걸어가고 있었다. 혹시 정신 상태가 이상한 사람이 아닌지 힐끗 쳐다보았다. 내가 그를 수상쩍게 보듯 그도 나를 그렇게 보지 않을까. 피차 백수로 보이는 비슷한 처지인 것 같은데 말이다.

집에 와서 간단히 몸 푸는 체조를 하고 샤워를 했다. 보통 산에 갔다 와 샤워를 하고 나면 몸이 개운하게 풀리는 기분이 들기 마련인데 그렇지 못했다. 몸이 더 찌뿌듯한 느낌이 들며 팔다리 근육이 매우 피곤했다. 뻐근할 뿐만 아니라 종종 저릴 때가 있었다.

딱히 할 일이 없어 소파에 누웠더니 마음이 불편해진다. 막연한 불안과 두려움이 스치고 지나가자 심장이 벌떡거리는 것 같았다. 이대로는 안 되겠다 싶어 자리에서 일어났다. 문득 평소 다니던 스포츠 클리닉이 생각났다. 몇 년 전 조깅 후유증으로 무릎 부상을 당한 뒤 일주일에 한 번씩 정기적으로 가는 곳이다. 그러고 보니 회사에서 나온 뒤 한 번도 가지 못했다.

병원에 가니 낯익은 스텝 진들이 반갑게 맞아주었다. 운동 트레이너나 물리치료사들이었다. 내 무릎 관리를 맡은 물리치료사 청년이 내 몸을 만져보고는 깜짝 놀란 듯 말했다.

"왜 이렇게 몸이 딱딱하게 굳어 있나요. 야, 이런…. 요즘 과로를 하셨나 보죠? 이런 몸 상태가 계속되면 큰 병이 됩니다."

사실 육체적으로 과로할 일은 전혀 없었다. 문제는 마음이고 스트레스며 울화병이었다. 그가 몸을 만지고 누를 때마다 아팠다. 정말 몸이 이곳저곳 쑤시고 성한 곳이 없었다. 스트레칭을 하는데 오른쪽 어깨관절에 통증이 느껴졌다. 팔을 위아래로 돌릴 때마다 관절이 아파왔다. 물리치료사는 오십견 초기 같으니 정밀검사를 받으라고 권유했다.

 마음에 탈이 나면 육체로 번지는 모양이다. 온갖 증상이 나타나니 말이다. 혈압을 재니 150이 넘었다. 약 먹고 치료받아야 할 수준이라니, 이 역시 스트레스다. 요즘에는 소변을 볼 때마다 시원하지도 않고 사타구니 근처가 아팠다. 손으로 누르면 저릿저릿 아팠다. 이왕 병원 순례길이라 남성 클리닉을 찾았다. 원장이 동갑으로 가끔 보는 사이다.

 "전립선 근처가 아픈데 무슨 염증이라도 생긴 것인지 모르겠습니다."

 원장은 몇 가지 검사를 하더니 염증은 아니고, 스트레스로 인해 전립선 부위가 압박을 받아 아픈 것이라고 설명했다. 그는 사타구니 근처 뭉친 근육을 풀기 위해 나를 마사지 의자에 앉혔다. 이 의자는 자동적으로 주위 근육을 마사지해 주는 기구였다. 또 전자파를 투입해 근육 주변을 풀어주는 치료도 병행했다. 치료를 받고 나니 한결 시원했다.

 요 며칠간 술을 거의 입에 대지 않았고, 과로할 일도 없었다. 매일 아침마다 산에 가면서 몸을 관리한데다 워낙 건강한 체질이다. 그럼에도 지난 십수 일의 스트레스와 정신적 고통이 육체를 공격하고 허물어뜨리려고 하고 있었다. 육체적 과로와 맞먹는 스트레스가 얼마나 무서운 것인지 새삼 실감하게 됐다.

'여기서 지면 안 된다. 이것을 극복해야 한다. 앞으로 닥칠 여러 어려움을 극복하기 위해선 건강한 체력이 필수적이다.'

나를 지켜야 할 일이 하나 더 늘어난 것이다. 아무리 원하는 일을 성취한들 건강이 버텨주지 않으면 모든 게 허사다.

건강이 없으면 성공도 인생도 없다. 극단적으로는 존재도 사라지게 된다. 그러니 40대에 건강을 지키는 일은 남은 인생의 삶의 질과 건강을 담보하는 것이다. 육체적 건강은 물론이고, 마음의 건강도 지켜야 한다. 몸이 건강하지 않으면 당연히 마음도 건강할 수 없다. 불안과 위기로 자신을 괴롭히지 말고, 자기를 다스리는 법을 배워야 한다.

"그동안 고생 많았지. 수고했어. 앞으로도 잘할 거야. 나는 할 수 있어"

지금 이 나이에는 불가능할 것이라는 부정적인 생각을 버리고, 긍정적인 생각으로 자신을 다스려야 한다. 부정적인 생각이 들 때마다 긍정적인 말로 자신을 위로하고 격려하다 보면 어느새 긍정으로 가득 찬 자신을 발견하게 될 것이다.

새로운 시작을 두려워 말아야 한다. '사람은 오래 살아서 늙는 것이 아니라 꿈을 잃어버릴 때 늙는다'는 맥아더 장군의 말처럼 이제 자신을 위한 새로운 꿈을 꾸어야 하지 않겠는가. 축구가 전반전만 하고 끝나는 것이 아니라 후반전까지 치러야 온전한 경기가 되듯 인생의 후반전에 나서는 만큼 지금은 그 준비의 시기이자 실천의 시기임을 잊지 말자.

40대는 안정적인 삶으로 나아갈 수는 있는 지점임에도 불구하고 예기치 못한 태풍을 맞는 것과 같다. 그러나 여러 어려움 속에서도 자신을 잃지 않고 꿋꿋이 일어서려는 마음이 있다면 태풍은 그저 한 차례 지나가는 바람에 불과하게 느껴질 것이다. 자신을 버티게 하는 것은 낙관과 긍정의 힘이라는 것을 새긴다면 건강한 인생을 누릴 수 있다.

## •5
## 그 많던 친구는
## 다 어디로
## 갔을까

두 친구 이야기가 있다. 여러 책에서 회자되기도 했던 독일의 재상을 지냈던 비스마르크의 이야기다. 비스마르크는 친구와 사냥을 갔는데, 그만 친구가 늪에 빠지고 말았다. 늪에서 허우적거리는 친구를 구하기 위해 막대기를 잡으라고 했지만 친구는 거의 포기한 상태였다. 그러자 비스마르크는 갑자기 친구를 향해 총을 겨눴다. 친구가 살 의지가 없다면 차라리 자기 손으로 죽게 하겠다고 말이다. 그러자 친구는 사력을 다해 늪에서 벗어나려 했고, 결국 비스마르크가 내민 막대기를 잡고 구조됐다.

또 다른 친구 이야기는 셰익스피어 희곡 《줄리어스 시저》에서 나온 말이다.

"약점을 감싸주는 사람이 진정한 친구지. 하지만 브루투스는 내 약점을 실제보다 더 크게 부풀려서 들춰낸다네."

브루투스와 함께 시저를 암살한 카시어스가 브루투스에 대해 한 말이다. 비스마르크는 친구가 곤경에 처했을 때 외면하지 않고, 최선을 다해 도왔다면 브루투스는 친구의 약점을 재미삼아 놀리며 친구를 곤혹하게 만들었다.

나는 살아오면서 어떤 친구였으며, 내 친구들은 어떤 친구들인지, 나 역시 힘든 시기를 겪으며 되돌아볼 수 있었다.

나는 오랜 기자 생활이 말해주듯 마당발에 속한다. 여러 방면에 아는 사람들이 꽤 많다. 사람들과 만나기 좋아하는 성격도 그렇고, 신문기자라는 직업적 특성도 무시할 수 없다. 나는 서울에서 태어나 자랐다. 학교도 광화문 근처에서 다녔고, 이후 직장도 광화문 주변이었다. 거의 평생 광화문 주변을 배회하고 살았다 해도 과언이 아니다. 그래서 기자 시절 광화문과 태평로 주변을 걸어가다 보면 아는 사람들을 꼭 만났다. 길거리에서 반갑게 악수하고 인사 나누는 것이 일상화돼 있었다.

그러나 신문사를 나온 이후 변화가 생겼다. 길거리를 지나가다 보면 여전히 내가 아는 사람들과 자주 마주쳤다. 그런데 상대방은 나를 못 보고 그냥 지나갔다. 과거에는 상대방이 먼저 알은체하는 경우가 많았는데, 회사를 그만두자 내가 알은체하려고 해도 상대방이 눈길 한번 주지 않고 매정하게 지나가곤 했다. 처음에는 상대방이 나를 못보고 지나가기 때문이려니 생각했다. 워낙 일에 바쁘고 머리가 복잡해 자기 생각에 골몰하면 다른 사람을 의식하기 힘드니 말이다. 불과 얼마 전까지 기자로 일하던 내 모습이 그랬다.

그런데 길거리에서 그냥 지나치는 사람들을 자주 보다가 보니 '혹시 나를 피하는 것이 아닌가?'라는 생각이 들기 시작했다. 내 자격지심에서 나온 오해도 있겠지만 실제로 그런 경우도 적지 않았다. 대로변에서야 못 본 척하고 지나갈 수 있겠지만 좁은 골목길에서 스치고 지나가는 건 어떻게 설명할 것인가.

한번은 이웃 신문사 잘나가는 후배가 멀리서 나를 보더니 다소 당황스러워(?) 하는 눈치를 보였다. 서로 간격이 좁혀져 얼굴 표정을 읽을 수 있었는데 그는 참으로 처연한 표정을 지었다. 그는 마치 '애도' 하듯, 큰 불행을 당한 사람을 위로하듯 안타까운 표정과 눈빛으로 나를 쳐다봤다. 참 할 말이 없어 실소가 터질 지경이었다. 상대방이 나를 배려하려는 의도는 알겠지만 너무 오버하는 태도에서 진정성을 느끼기 어려웠던 탓이다.

그동안 나를 외면했던 많은 이들 역시 그 후배와 같은 이유였을지도 모른다. 평상시처럼 대하기도 그렇고, 일부러 유쾌하게 대할 수도, 위로할 수도 없으니 차라리 모르는 척 해버리자는 심정이었을 것이다. 간혹 싸늘한 태도를 그대로 드러내는 이도 있었다. 내가 내미는 손길을 건성으로 받으면서 "아, 독립하셨다면서요?"라며 냉소적으로 말을 내뱉고는 의미심장한 미소를 띠면서 나를 똑바로 쳐다보는 것이다.

나는 그의 미소를 '너 꼴좋구나. 한번 잘해봐라. 그렇게 세상 간단치 않을 거다'라고 말하는 것으로 해석했다. 그런 생각이 들면 일순 내 마음은 흔들린다. 회사를 나왔다고 나를 함부로 대한다는 서운함과 왜 지레짐작해서 부정적으로 받아들이냐고 질타하는 마음속 공방전이 나를 더욱 힘들고 피곤하게 만들었다.

대개 일본 사람들은 예의가 바른 법이다. 기분이 나빠도 속내를 나타내지 않는다. 더구나 상대방이 어려움에 처하면 그걸 가지고 농담의 소재로 삼는 법이 없다. 그런데 마이니치신문 한국 특파원은 그렇지 않았다. 그는 내가 사표를 쓰고 나왔다는 이야기를 듣고 내게 전화를 해 다짜고짜 말했다.

"함 부장, 삐이졌소요?"

"네. 뭐라고요?"

"아니, 함 부장, 삐져서 안 나오고 사표 냈다면서요?"

처음에는 그의 어눌한 한국어 발음 때문에 무슨 말을 하려는 것인 줄 몰랐다. 두 번째 말귀에서야 알아들을 수 있었다. 그런데 그 말을 정말 그가 뱉었는지 이해할 수가 없었다. 내가 알고 있는 일본인들의 위로라기보다 농담에 가까웠다. 그는 평소 농담을 잘하는 성격이 아니었다. 전형적인 일본인답게 매사 진지한 편이다. 그런 친구가 내가 대단히 어려운 상황에 처했는데 분위기에 어울리지도 않고, 격에도 맞지 않는 '농담'을 했다. 어쩌면 그는 내 마음을 편하게 해 주려고 한 말인지도 모른다. 그러나 그렇게 느낄 수 없었던 것은 그가 낄낄 웃으며 전화를 끊었기 때문이다.

나 같은 처지에 놓인 사람들은 작은 것에도 예민해진다. 그가 왜 그런 말을 했는지 신경이 쓰이고, 내가 그 친구에게 혹시 실수하거나 마음에 상처를 준 일이 있었는지 생각해 보았다. 아무리 생각해 봐도 떠오르지 않았다.

내가 홍콩 특파원 시절 그는 태국 방콕 특파원이었다. 당시 일본 신문들은 방콕에 거점을 두고 베트남, 캄보디아, 라오스 등 인도차이나 전역을 담당했다. 일본 언론들은 보통 인도차이나 지역 각 나라마다 특파원이나 현지 통신원들을 두고 챙겼지만 중요한 일은 '형님' 격인 방콕 특파원이 직접 날아와 챙겼다. 반면 한국은 아시아 취재에 허술한 편이었다. 연합뉴스와 일부 방송사를 제외하고서는 일본, 중국을 제외한 다른 아시아 국가에 특파원을 거의 파견하지 않았다.

우리 회사의 경우처럼 홍콩 특파원을 둔 언론기관도 드물었다.

나는 홍콩에 적을 두고 동남아시아는 물론 서남아시아까지 내 사정거리에 두고 부지런히 돌아다녔다. 사실 나는 아시아 각국을 담당하지 않아도 됐다. 본사 국제부에서 외국 언론과 통신을 정리해 직접 챙기고 있었기 때문이다.

그러나 타고난 근질근질함이 나를 가만 놔두지 않았다. 나는 사건이 터지면 터지는 대로 달려갔고, 사건이 없으면 기획거리를 잡아 아시아 전역을 훑었다. 취재 자체가 재미있는 여행이자 탐험이었기 때문이다.

나는 아시아 전역에 금융 위기가 터져 힘들었던 1990년대 후반, 동남아 각국을 돌며 정상頂上들과 단독 인터뷰를 했다. 당시는 마침 대한민국 건국 50주년 기념식이 열리던 때였다. 나는 '대한민국 50년 아시아 지도자 인터뷰'란 주제로 인도네시아, 태국, 캄보디아, 베트남 정상들을 인터뷰한 내용을 보도했다.

1998년 8월 13일 오전 9시. 그날은 캄보디아 수도 프놈펜 총리관저에서 훈센 총리와 인터뷰하기로 돼 있었다. 박경태 주駐 캄보디아 대사와 함께 관저에 들어서니 마이니치, 아사히, 요미우리, NHK 등 일본 4개 메이저 언론사 방콕 특파원들이 먼저 와 있었다. 그들도 자신들의 취재 영역인 캄보디아에서 훈센 총리와 인터뷰하기 위해 온 것이었다. 이때 처음 마이니치 일본 기자를 알게 됐다.

이날 인터뷰에선 내가 판정승을 했다. 친한파 훈센 총리가 경제대국 일본의 4대 언론사 기자들을 기다리게 한 채 한국 기자와 먼저 인터뷰를 한 것이다. 그것도 예정 시간을 30분 넘어 1시간 20분간이나 했으니 파격적인 대우였다. 사실 인도차이나에서 홍콩 특파원인 나는 손님격이었고, 나는 인도차이나 관련 기사에 대한 책임도 없었다. 그러나 일본 신문들의 방콕 특파원은 인도차이나가 자신들의 영역이었을 뿐만 아니라 보도도 그들 책임이었다. 그러니 일본 기자 입장에서 보면 자기 집 안방에 객(客)이 먼저 와 재미 본 격이 됐다.

마이니치 기자와의 두 번째 조우는 바로 그가 주재하고 있는 태국 방콕에서였다. 나는 그해 10월 방콕으로 날아가 추안 릭파이 태국 총리와 단독 인터뷰를 했다. 이것 역시 현지 일본 기자들을 자극했다. 왜냐하면 일본 언론은 그 누구도 태국 총리와 단독 인터뷰를 하지 못했기 때문이다. 이것은 그들 특유의 묵계 내지 '단체 행동' 때문이었다. '누구도 단독 인터뷰를 안 한다. 하려면 함께 한다'는 것이 그들의 규칙이었다. 일본 기자들은 서로 특종의 기회를 주지 않기 위해 끼리끼리 몰려다녔다. 함께 기사를 쓰는 이른바 '패거리 저널리즘'에 익숙했다.

마이니치 기자는 방콕 한 식당에서 진지한 어조로 이렇게 말했다.

"나는 한국 기자, 당신에게 두 번이나 졌습니다. 캄보디아는 우리 '나와바리(영역)'인데 선수를 당신에게 빼앗겼습니다. 방콕은 우리 안방인데도 우리는 총리 인터뷰를 단독으로 한 적이 없습니다. 그런데 홍콩에 있는 당신은 했습니다. 당신을 보면서 많은 것을 느꼈고 우리는 반성할 점이 있습니다."

나는 그의 장중(?)하면서도 솔직한 고백에 감명 받았다. 우리 같으면 그런 부끄러운 추억은 굳이 화제로 삼거나 떠올리지 않는다. 더군다나 긍정적으로 해석하지 않는다. 그런데 그는 달랐다.

'일본인들은 역시 다르구나. 분명한 책임감과 승패관이 있구나.'

그가 서울특파원으로 부임한 이후 나는 반가웠고, 몇 번의 술자리와 식사도 있었다. 그런데 그는 오늘 묘한 방법으로 내게 한 방 먹였다. 마치 내가 홀로 되기를 기다렸다는 듯이 그가 칼을 갈고 있었다는 생각마저 들었다. 어쩌면 나의 민감한 성격, 과잉 심리상태 탓에 괜한 짐작을 한 것인지도 모른다. 그러나 나처럼 자기가 속한 공동체에서 이탈하고, 지금껏 살아온 삶의 궤적과 전혀 다를 수도 있는, 불확실한 미래와 맞서야 하는 사람에게는 사소한 일에도 자책감, 수치감 등이 생길 수 있다.

'내가 잘못해서 그런 것 아니겠어? 내가 인생을 잘못 산거지. 그러니까 모두 나를 외면하는 것이야.'

길거리에서 나를 못 본 체하고 지나가는 이들을 보며 하루에도 몇 번씩 드는 자책감이었다. 내 마음을 아프게 한 것은 다른 누구보다 후배들의 태도에서 비롯됐다. 사표를 낸 후 피곤한 몸을 이끌고 회사 근처 사우나를 찾았는데, 거기서 평소 잘 아는 후배를 만났다. 그런데 그는 나를 못 본 척했다. 좁은 탕과 사우나 내부 공간에서 그가 나를 못 볼 리 없지만 그는 나를 외면한 채 일정한 거리를 유지하면서 목욕을 했다. 당시 나도 일부러 다가가 너스레를 떨 기운이 없었다.

왜 그는 나를 외면하는지, 저 친구도 내게 평소 서운함이 있었는지, 내가 남을 배려하는 성격이 아니다 보니 나도 모르게 그 친구 마음에 상처를 남겼는지, 그래서 나를 외면하는 것은 아닐지 생각이 꼬리에 꼬리를 물며 날 괴롭혔다. 생각하면 할수록 피곤했고 따지면 따질수록 마음은 어두워졌다.

길거리를 지나거나 지하철을 탔을 때, 자주 가던 음식점이나 술집에서도 후배들과 마주친 적이 적지 않았다. 그중 절반 정도는 나를 아는 척, 나머지 절반 정도는 나를 못 본 척하는 것 같았다. 혹자는 왜 먼저 아는 척하지 않느냐고 반문할지 모르지만, 나를 외면하는 듯한 자세를 취하는 사람에게 부러 다가가 말을 걸기는 쉽지 않았다. 더구나 아랫사람 아닌가. 이러다가 대인기피증이 올 수도 있겠다는 생각마저 들었다.

전화 통화라고 다르지 않았다. 기자 생활을 할 때만 해도 반갑게 전화를 받던 이들이 내가 전화를 걸면 "네…" 한 뒤 침묵하기 일쑤였다. 그 짧은 답변에는 어차피 나는 용건이 없고 당신이 용건이 있을 테니 말해보라는 의미가 내포되어 있었다. 시간이 흐를수록 민망해지는 것을 느끼며 어차피 내가 얘기해야 할 입장이니 용건을 말했다.

"예, 제가 최근 조선일보를 그만 두었습니다. 이제 격무에서 벗어나 차분하게 글도 쓰고 내 세계도 갖고 싶어서…."

사실 무슨 청탁 전화도 아니고, 평소 가깝게 생각한 이들에게 안부 전화를 한 것이다. 그러나 상대방의 쌀쌀한 기색에 주저리주저리 이야기를 꺼낼 수밖에 없는 형국이었다. 상대방은 그것마저 참지 못하고 10초가 안 돼 내 말을 끊으며 말한다.

"아. 지금 제가 중요한 손님과 대화중이라…, 다음에 말씀 나누기로 하죠. 네?"

그리곤 내 대답조차 기다려주지 않은 채 '찰칵' 전화를 끊는다. 그때 물씬 배반감(?)이 들면서 이내 쓸쓸함과 회한梅恨으로 바뀐다. 내가 고작 이런 인간관계를 맺고 살아왔는지, 안부 전화조차 이렇듯 외면당해야 하는지 서글펐다.

날 서운하게 만든 이 중 한 사람은 내가 난생 처음 언론상을 받았을 때 본인이 앞장서서 저녁을 산 사람이었다. 그는 잘나가는 변호사였다. 1999년 1월 관훈클럽 주최 국제보도 부문 기자상을 받던 날 수상식장에서 우연히 만났다. 기자 시절 초반부터 잘 아는 사이였지만 내가 외국에 나가 오래 있는 바람에 몇 년 만에 조우한 것이었다.

그는 "이런 좋은 날 내가 한잔 사겠다"고 나섰다. 당시 식장에는 직장 동료, 친구 등 수십 명이 있었는데, 가볍게 밥을 산다고 해도 꽤 비용이 들 판이었다. 무엇보다 그가 그날 밥을 사야 할 입장도 아니었는데 본인이 자진하니 그저 감사할 따름이었다. 그래서 우리는 기자들이 잘 가는 퇴계로 식당으로 갔다. 냉면, 제육, 만두가 수준급이지만 가격은 그리 비싸지 않아 거기서 우리 수십 명은 실컷 먹었다. 그런 사이였는데 내가 신문사를 나온 후 건 첫 전화의 1분도 참기 어려워했다. 이후 두 번 다시 전화를 하지 않았지만….

며칠 후에는 평소 친했던 고교 선배에게 전화를 했다. 역시 안부 전화였다.

"선배, 저 함영준입니다."

"네."(짧게 대답한 뒤 침묵)

"책도 쓰고 글도 쓰려고 사무실 내고 일합니다."

"그렇지. 놀면 뭘 해? 일해야지."

"예…. 바쁘신가 보죠. 나중에 연락드릴게요. 안녕히 계세요."

상대방은 대꾸도 하지 않고 전화를 끊었다. 통상적으로 이런 전화를 받으면 안부를 묻던지 한번 보자는 의례적 대화가 있는 법인데 그는 아주 사무적으로 싸늘하게 대했다. 대체로 유독 돈이 많거나 여유가 많은 사람들에게서 공통적으로 발견할 수 있는 태도였다. 샐러리맨 출신들은 대개 동병상련同病相憐을 느끼는지 부드러운 반응을 보였지만 부유한 이들은 정반대였다. 미리 선을 긋고 넘어오지 못하게 만드는 가진 사람의 일종의 방어적 심리였을까. 어쨌든 회사를 일찍 나온 것 자체가 무슨 죄라도 되는 양 쌀쌀맞고 훈계하는 듯한 태도를 몇 번 겪다 보니 마음이 편할 수는 없었다.

'여건이 좋을 때는 친구가 많지만 어려움에 빠지면 좋은 때의 20분의 1도 남지 않는다.'

'가난이 집안으로 들어오면 우정은 서둘러 창문으로 달아나버린다.'

영국의 수필가 하우웰과 독일 시인 뮐러의 말처럼 어려운 상황에 처했을 때 진정한 친구는 빛이 나게 마련이다. 좋은 상황에서는 많은 사람들이 모여들지만 상황이 나빠지면 간이며 쓸개를 빼줄 듯이 굴던 사람들도 외면하는 게 현실이다. 그것은 내가 이제껏 어떤 모습으로 살아왔는지에 대한 반증이기도 하다.

내가 힘든 상황에 처했을 때 묵묵히 나를 믿어주고 언제나 그랬듯이 곁을 지켜주는 친구가 단 한 명이라도 있다면 그 사람은 그래도 인생을 잘 꾸려 왔다고 할 수 있다. 나 역시 기자생활을 하면서 참 많은 사람들을 만났고, 친구라고 여기는 이들이 많았지만 진정한 친구 외에는 물밀 듯이 빠져 나갔다. 그래서 돌이켜 볼 것이 많았던 시기를 보냈다.

    지금은 친구라는 관계를 좀 더 넓게 바라본다. 서로 허물없이 마음을 나누고, 진심으로 서로를 아껴주고, 때로는 흉을 가려주고, 잘못했을 때는 내 형제처럼 나무라기도 하는, 그리고 손익과 무관하게 곁에 있어 주는 그런 친구들을 만나려고 한다.

2장

# 자기성찰을 통해 인생 후반전을 준비하라

## •6•
## 자신에게 솔직해지는 것이 도전의 첫 시작이다

사람들은 위기에 처하거나 절망에 빠지면 원인을 자기 자신보다는 다른 곳에서 찾으려고 한다. 그렇게 문제를 회피해야 조금은 편하기 때문이다. 그러나 다른 곳에서 원인을 찾으려고 하거나 책임을 돌리게 되면 결국 중요한 자기 문제는 놓치게 된다. 물론 세상의 일이 서로 인과관계가 있기 때문에 내가 아닌 다른 곳에서 원인을 제공하기도 한다. 그럼에도 책임은 스스로 져야 할 때가 많다.

그리스 철학자 탈레스Thales는 "세상에서 가장 어려운 일이 자기 자신을 아는 일이고, 가장 쉬운 일이 남을 비판하는 일이다"라고 말했다. 탈레스의 말처럼 남을 비판하기는 쉽다. 그런데 남을 비판할 때 자기를 솔직하게 들여다보지 못하면 자기 자신을 아는 일은 점점 어려워지는 어리석음을 저지를 수 있다.

힘든 상황이 올수록 자기 자신을 찾는 일이 필요하다. 객관적인 시선으로 자신을 바라볼 수 있다면 시작의 출구를 찾을 수 있다. 그러기 위해서는 가장 먼저 자기 자신에게 솔직해져야 한다.

신문사에 있는 후배로부터 드디어 내 사표가 수리돼 방이 붙었다는 소식을 들었다. 회사 나온 지 3주 만이다. 이것으로 21년 2개월간 나와 회사와의 관계는 끝난 것이다. 그동안 회사는 나의 세계요, 우주 같은 곳이었다. 이제 우주 미아라도 된 듯 기약할 수 없는 불확실한 세계로 들어간다. 그것도 사전 준비나 계획은 물론이고 아무 것도 없이 오로지 '새롭게 살아가야 한다'는 다짐 하나만 가지고 황량한 광야로 나선 것이다.

내가 다닌 신문사는 사람을 함부로 다루는 회사가 아니었다. 실적이나 능력에 따라 인사를 하는 냉정함도 있지만, 그보다는 인재를 알아주고 키우며 끝까지 좋은 관계를 유지하려는 인간적 유대감이 강했다. 사주社主가 이북에서 내려온 실향민들이라 그런지 사람을 볼 줄 알고 대접할 줄 알았다.

아마도 회사는 내가 인사에 불복하고 사표란 강수를 쓸 줄은 몰랐던 것 같다. 나를 편집국에서 사업국으로 이동시키려고는 했어도 아직까지는 조선일보에 필요한 사람으로 여기는 듯 했다. 사장이 적극적으로 선후배, 동료들을 보내 나를 설득하고 만류했던 것으로도 알 수 있었다. 새해 들어 며칠 지난 뒤 사장에게 사표를 제출했지만, "무슨 소리냐" "여행 좀 다녀오고 만나자"며 사표를 받지 않았다.

나에 대한 설득 작업은 계속됐다. 하루는 다른 신문사에 다니던 후배가 전화를 했다. 성공한 기업인으로 변신한 그는 내가 회사로 복귀해야한다고 강조했는데, 아마도 우리 회사 간부와 이야기를 나눈 것 같았다.

"형, 앞으로 독립하더라도 조선일보와는 계속 좋은 관계를 맺어야 합니다. 그러려면 일단 사장의 인사에 승복한 뒤 몇 개월 뒤 나오도록 하십시오. 지금 이런 식으로 나오면 조선일보와의 관계는 '악화' 될 것이며 그것은 결코 형에게 유리하지 않습니다. 형, 나오면 얼마나 외롭고 삭막한지 아세요? 믿을 것은 친정밖에 없어요."

그런 말을 들으면서도 나는 결정을 번복하고 싶지 않았다. 내 자신에게도 논리적으로 설명할 수는 없지만 돌아갈 수 없었다. 이틀날 나는 내 의지를 표현하듯 아예 오피스텔 하나를 전세 계약했다. 시내 한복판에 새로 완공된 7평 남짓한 사무실이었다. 그리고 회사에 전화를 걸어 사표 수리를 당부했고, 결국 인사 절차는 마무리됐다.

며칠 뒤 나는 퇴직금 정산도 하고 작별 인사도 할 겸 회사를 찾아갔다. 3주도 넘어 찾아간 회사는 그새 낯설게 느껴졌다. 이제 더 이상 함영준의 회사는 아니었다. 경리부에 들러 일을 마친 뒤 회장을 뵈러 갔다. 그분은 한국 신문사에 큰 족적을 남긴 탁월한 신문경영인이었다. 그는 지금은 작고한 형님을 회장으로 모시고 30년간 사장으로 일하면서 한국 제일의 신문사를 일궈냈다. 장자長子 상속 원칙에 따라 작고한 형님의 장남이 현재 사장이며, 삼촌인 그는 회장으로 재직하고 있었다. 80세 가까운 연세의 그는 선 채로 나를 보면서 이북식 억양으로 대뜸 "뭐해서 먹고 살려고?"라고 물었다.

뭐·해·서·먹·고·살·려·고?

나는 선 채로 그 말을 한 자 한 자 음미해 보았다. 평범한 그 말, 일상적으로 쓰이는 그 말이 이날 내게는 왜 그렇게 인간적으로 들리는지 예전에 미처 몰랐었다. 그 말에는 나에 대한 관심과 걱정, 배려의 마음이 다 담겨 있는 듯싶었다.

"회장님, 제가 조선일보에서 있으면서 이만큼 컸고, 회장님의 배려로 간부직도 몇 개나 거쳤는데 무얼 못하겠습니까? 걱정하지 않으셔도 됩니다. 허허."

나는 애써 태연한 듯 말했는데, 순간 회장은 시선을 아래로 주며 낮은 목소리로 말했다.

"내가 외국 간 사이 (인사가) 났더구먼. (당신) 사업국이 싫다며 글 쓴다구? 그래, 함 부장은 글쟁이야. 아버지도 그랬잖아. 조선일보에 글 쓰라구. 월간조선, 주간조선에도 쓰고. (우리) 돕고 살자고. 어려운 일 있으면 말해."

나는 가슴이 뜨겁게 벅차올랐다. 그의 몇 마디가 내 마음을 조용히 흔들었다. 소박한 말 속에 진지함이 묻어나는 그 말을 어쩌면 나는 내 주변 사람들에게 듣고 싶었던 것인지도 모른다. 그런데 그의 입을 통해 듣고 보니 푸근하면서도 씁쓸했다.

사실 나는 그분에게 인간적으로 적지 않은 빚을 지고 있었다. 내가 입사한 1980년대 초반 전두환 군부독재가 한창이던 시절, 정부에 비판적인 기사가 못 나가면 기자들은 곧잘 경영진을 탓했는데, 당연히 타깃은 당시 사장(지금 회장)이었다. 젊은 기자들은 모이면 뒷전에서 그를 성토했다.

1987년 6.29 선언 이후 민주화 물결이 일면서 우리 회사도 노동조합을 만들어 경영진을 압박했다. 그때 젊은 기자들 입장에서는 경영진을 '독재정권에 협조한 사주'로 보았고, 노조는 '사원지주제'를 요구했다. 그러나 사측은 경영권을 노조가 나눠 갖자는 의도로 보고 거부했다. 급기야 노조는 파업을 모의했다. 나는 노조 1, 2대 조직부장으로, 노조 결성 당시 문선, 정판, 윤전, 발송, 운수부 등 신문사 '블루 컬러' 노동자들을 일일이 설득해 노조에 가입시켰다. 그만큼 이들에 대한 내 영향력은 클 수밖에 없었고, 파업 동참을 이끌기도 했다.

결국 회사 창립 70주년 되는 잔칫날, 우린 역사상 처음이자 마지막 파업을 시도했다. 그러나 노조의 무리한 행보라 결국 파업은 실패로 끝나고 말았다. 사주 측에서 보면 노조 핵심부는 용서하기 어려운 행동을 저지른 것이었다. 그러나 회사는 노조 위원장을 제외하고는 크게 문제 삼지 않았다. 핵심 인물이었던 내게는 신문에서 잡지 근무로 옮기는 좌천성 인사로 일단락됐다. 이런 회사의 화합 모드에는 지금 사장과 회장(당시 사장)의 포용력과 이해가 크게 작용했다.

"젊은 기자들, 그럴 수 있잖아. 좋은 신문 만들고 좋은 나라 만들자고 한 일인데…."

내가 홍콩 특파원으로 있던 시절, 회장은 자주 홍콩을 찾아오면서 인간적으로 가까워졌다. 그는 나를 이해하고 격려해 주었다. 우리 회사가 DJ 정권과 한바탕 싸웠던 2001년 6월에는 홍콩에 있는 나를 사회부장으로 발탁했다. 사회부는 경찰, 검찰, 법원, 군, 교육, 보건복지, 환경, 교통, 서울을 비롯한 전국 지자체를 담당하는 신문사 내 가장 큰 부서다. 기자 수만 해도 80여 명이나 됐다

당시 DJ 정권이 세무조사란 칼을 빼들고 우리 신문을 손보겠다고 나선 위기의 시간이었다. 이에 맞서 싸워야하는 회장 입장에선 자기 오른편 장수 격으로 과거 자신을 비토하고 파업을 주도한 노조 간부를 택한 것이다. 그런 파격적 인사와 신뢰를 내게 보여준 이였다. 그래서 그 분의 말 한마디 한마디는 내게 범상하게 들리지 않았다. 꼭 성공해 찾아오리라, 다짐하며 회장 사무실을 나왔다.

이번에는 사장실로 향했는데, 그곳은 회사 구관舊館을 벗어나 길을 건너 신관新館에 있었다. 3분 정도 걸리는 그 시간이 매우 길게 느껴졌다. 도중에 아무도 만나지 않았으면 했는데, 다행히(?) 사원들과 조우는 없었다. 엘리베이터를 타고 6층 사장실로 올라갔다.

"함 부장, 그렇게 안 봤는데 보통 고집이 아니던데요. 좀 참고 내 말대로 하지."

사장은 안타까움 반, 핀잔 반으로 날 맞이했다. 사장으로서는 너무도 당연한 말이었지만 아직 마음의 앙금이 남아 있는 내게는 다소 볼멘 생각이 들었다. 그런데 사장은 왜 나를 사업부장으로 쓰려고 했고, 평소 나에 대해 갖고 있던 생각이 무엇인지에 대해 진지하게 이야기해 주었다. 그렇게도 만류했는데도 결국 뜻을 접지 않아 사표를 수리할 수밖에 없었다고 말하며 물었다.

"(신문사를 떠날 만큼) 그동안 회사에 섭섭했던 점이 많았던 모양이죠?"

"네. 있습니다."

순간 사장의 안색이 변했다. 어쩌면 그냥 의례적으로 던진 말인데 내가 정면으로 치고 나오니까 사장도 적이 당황하는 기색이었다. 나는 심호흡을 하고 입을 열었다. 회사에 올 때 준비한 이야기가 아니라 즉석 질문에 대한 답변이라 조심스러웠다.

"네. 섭섭했던 점이 있습니다. 이번 인사도 그랬구요. 그런데 사장님….'

잠시 대화를 끊고 호흡을 가다듬었다. 사장의 표정은 진지했다.

"부자지간에도, 부부지간에도 고마운 점, 섭섭한 점, 미운 정, 고운 정이 다 있습니다. 그런데 회사와 직원 간에 왜 그런 감정들이 없겠습니까? 하지만 조선일보와 저 사이에는 지난 22년 동안 95% 좋은 일만 있었습니다. 조선일보가 있었기 때문에 부족한 저, 별 볼일 없던 제가 이름 석 자 사회에 알리게 되고, 가족도 거느리고 지금 이렇게까지 왔습니다. 그래서…, 제가 이제 컸다고, 독립 좀 해보겠다고 이러는 게 아닙니까? 조선일보와 저 사이에 서운한 것이라면 5%입니다. 5%는 제 집사람과 저 사이에 있는 감정보다도 훨씬 작은 것입니다. 95%가 좋은 감정인데 5%는 아무 문제도 안 됩니다. 그동안 부족한 저를 이끌고 도와주신 사장님께 정말 감사드립니다."

처음 생각은 사장에게 예의는 갖추되 다소 불편한 내 생각, 느낌을 전하려고 했었다. 그런데 나의 입에서 나온 건 '해피엔딩' 스토리였다. 물론 속마음에서 우러나온 것이었다. 사장의 표정은 안도감으로 바뀌었고, 나를 이해하는 눈빛이었다.

"저는 조선일보에서 큰 사람입니다. 조선일보가 저를 거두고 키우며 용하게 썼습니다. 비록 나갈 때 서운함도 있지만 자그마한 것이고, 지난 22년은 조선일보와 나의 밀월관계였습니다. 나가서 잘되겠습니다. 몸값도 더 불리겠습니다. 제가 잘되서 친정이 잘되는 데 일조하도록 노력하겠습니다. 나가서 고생은 좀 하겠지만 그때마다 찾아와 손 벌리는 사람이 안 되도록 하겠습니다."

그 정도에서 내 할 말은 마무리됐고, 묵묵히 들어주던 사장의 눈이 다소 촉촉해지는 것 같았다. 그도 내 마음을 조금씩 이해해 주는 거라 생각했다.

"함 부장. 열심히 하세요. 잘 될 겁니다. 도울 것 있으면 말하세요."

"네. 이제 나간 입장에서 가끔 들러 허심탄회하게 바깥에서 들리는 이야기를 올바르게 전하도록 하겠습니다."

사장과의 퇴직 인사도 좋게 끝났다. 사실 회사에서 나를 가장 배려해 준 대표적인 이가 사장이었다. 내가 입사하던 80년대 초,

사장은 30대 중반 젊은 나이에 상무로 재직하고 있었다. 지금 회장인 삼촌을 사장으로 모시면서 경영 수업을 하는 중이었다. 앞에서 언급했던 대로 당시 젊은 기자들은 사장에 대해 반감이 적지 않았는데, 중간에서 완충 역할을 그가 담당했다. 그는 때론 치기나 객기어린 젊은 기자들의 행동을 늘 감싸고 격려해 주었다. 내가 조선일보 파업에 깊숙이 관여했는데도 처벌 문제에서 나를 두둔해 주었고, 이후 워싱턴 연수나 홍콩 특파원 발령에도 앞장서서 지지해 주었다.

정들었던 태평로 신문사 문을 나섰다. 1월 하순 날씨는 포근했고 하늘은 우중충한 잿빛이었다. 이제 정말 끝이라고 생각하니 시원섭섭했다. 미지의 앞날에 대한 두려움과 불안이 있긴 하지만 잘 나온 것 같았다. 지금부터 제2의 인생을 잘 살자고 다짐했다. 그동안 회사에서 배운 것들이 모두 앞으로 도움이 되리라 생각했다.

초등학교 동창을 불러 교보빌딩 뒤 유서 깊은 빈대떡집 '열차집'에서 막걸리 한 사발을 걸치고, 고향이라면 고향인 후암동을 걸었다. 새로운 시작을 하려고 보니 그곳이 너무 보고 싶어졌다. 걸으면서 내 자신에게 의지를 다지듯 말을 걸었다.

'영준아, 이젠 정말 네 스스로 앞날을 개척해 나가야 하는데 잘할 수 있겠니? 아직 순수함과 기백과 의욕이 있잖아. 정말 후반기 인생 잘해보고 싶네. 이제 여러 사람들과 잘 어울리고 진정 도우

며 사는 그런 인생 살고 싶다. 잘해보자!'

집에 돌아와서도 내 자신과의 대화는 계속 되었다. 이제는 내 자신과 정면승부를 볼 때가 된 것이다. 그동안 회피해 왔던 내 자신과의 솔직한 대화를 퇴직 문제부터 하나씩 풀어놓았다.

'회사에서 내가 설 자리가 점점 없어진다는 불안감에 먼저 저지른 것인가? 회사에서 더 이상 비전을 찾지 못했는가? 이젠 진정 홀로 서고 싶었는가? 더 이상 조직에 얽매인 삶이 아니라 독립된 인간으로 자유롭게 다양한 삶을 살고 싶었나?'

거의 'Yes'라는 답이 나왔다. 어쩌면 지금까지는 '조선일보 함영준'으로 대접받고 살아왔다면 앞으로는 철저히 자연인 '함영준'으로 대접받고 살아가고 싶다는 생각이 곧 '제2의 인생 독립선언'으로 이어진 것일지도 모른다. 내 선택에 대해 가족들은 말은 하지 않지만 내심 불안해 하는 눈치였다. 그 어느 때보다 열심히 살아 가족들을 행복하게 해주리라 다짐도 했다.

그런데 문득 이게 전부가 아니라는 듯 마음속에 동요가 있었다.

'이봐. 이게 아니잖아? 좀 더 자신에게 솔직해져 봐. 회사를 나온 근원적인 이유가 있잖아. 자네는 지금까지 자네 인생에 만족해 왔나? 자기 자신을 믿는가? 사랑하는가? 아니 자기 자신에 대해 긍정적으로 생각하고 있나? 스스로를 괜찮은 인간이라고 생각하는가?'

놀랍게도 좀 전과는 달리 어느 질문에도 '그렇다'고 답변할 수 없었다. 사실 나는 늘 나 자신과의 관계가 좋지 못했는데, 최근 들어 더욱 심해졌다. 결국 회사와 나의 문제가 아니라 바로 내 자신의 문제였음을 인정하지 않을 수 없었다.

그동안 나를 짓눌러온 것은 내 자신에 대한 직시直視였다. 괜찮은 연봉을 받아 왔으나 늘 물질적으로 부족하다고 느꼈다. 특별히 사치하는 것도 아니고, 남보란 듯이 써보지도, 남에게 큰 도움을 주지도 못하면서 허례허식에 싸여 있었고, 마음에 때가 끼어 있었다. 지위가 오르고, 월급봉투는 두꺼워졌지만 마음은 점점 각박해지고 있었다. 나이가 먹을수록 느는 건 술이요, 인생의 여유나 연륜 대신 하루하루 지면紙面 메우기에 급급한 방어적인 삶, 기자가 아니라 지면 기술자란 회의가 들었던 것이다. 그리고 젊은 시절의 배포, 오기, 혈기는 오간 데 없고, 돈 많고 높은 자리에 있는 사람들에게 때로 위축감도 들었다.

결국은 내 초라함을 감추기 위해 외형적으로 과장했던 것이다. 위축될수록 큰 소리로 내 주장을 말하고, 공격적으로 상대방을 비판하고, 단정적으로 사회현상을 설명하고 확신적으로 해결책을 주장했다. 업무적으로도 스스로에게 회의가 들면 들수록 후배들의 주장을 경청하거나 수용하는 대신 내 주장을 강요하고 그들의 의견을 묵살했다.

'아, 결국 내 문제였어! 그동안 내 안에 쌓였던 나에 대한 불만이 분출구를 못 찾다가 이번 인사를 계기로 폭발한 거야! 내 자신에 대한 쿠데타를 벌였던 거지. 나를 벼랑으로 몰아야만 다시 살 수 있다고 여긴 거였어!'

나는 생각을 정리해 가면서 문득 조선일보 김대중 주필을 떠올렸다.

"당신은 모션이 너무 커. 실제 당신보다…."

몇 달 전 함께 점심을 먹다가 그가 지나가듯 한 말이었다. 그때도 내 내면이 빈곤해 모든 것이 '오버'라고 스스로 느끼고 있었는데, 그의 말이 비수처럼 심장에 꽂혔다. 나의 약점을 직관적으로 간파하고 단 20자도 안 되는 말로 정통으로 지적했다. 새삼 그의 말이 떠오르는 이유는 뭔지, 그 말이 내가 조선일보를 떠나게 만드는 데 결정적 단초를 제공한 것은 아니었을까.

나는 언제 끝날지 모르지만 내 자신과의 싸움이 시작됐음을 알았다. 그동안 애써 외면하려 했던 나의 근원적 문제를 푸는 것이 내가 원하는 것을 이루려는 외형적 성취보다 더 중요했다. 자, 한번 제대로 붙어 보리라. 그리하여 너를 괜찮은 인간으로 만들어 보리라. 각오해라, 함영준!

손자는 '지피지기 백전불태知彼知己 百戰不殆'라고 했다. 적을 알고 나를 알면 100번 싸워도 위태롭지 않다는 뜻인데, 이 말은 총칼이 오가는 전장에서만이 아니라 삶의 전쟁터에서도 자주 언급된다. 그런데 적, 혹은 상대를 아는 것보다 우선해야 할 것이 자신을 아는 것이다.

 소크라테스는 인간의 문제에 깊이 빠져 있었다. 그래서 지혜를 갖춘 학자들을 만나 토론을 벌였지만 여전히 깨닫지 못했다. 그런데 학문과 예술의 신神인 아폴론을 모시는 델포이 신전의 신탁에서 말하길 아테네에서 가장 현명한 자가 소크라테스라는 것이었다. 소크라테스는 그 말을 듣고 머리를 스쳐가는 것이 있었는데, 델포이 신전 입구 돌기둥에 새겨진 '너 자신을 알라'는 글귀였다. 그는 스스로 무지無知함을 절실히 깨닫고 있었는데, 그것을 안다는 것이 신탁의 평가가 아니었을까 결론을 내렸다. 바로 소크라테스의 아이러니反語法, eironeia로 알려진 '무지의 지無知의 知'다.

 결국 '너 자신을 알라'는 말은 그동안 자신이 스스로를 가장 잘 안다고 생각했던 것은 허울이며 보다 솔직하게 자신에게 접근하라는 의미가 들어 있음을 알 수 있다. 나 역시 이것을 깨닫기까지는 너무 많은 허울 속에서 나를 잊고, 나를 잃어버리고 살았다.

• 7 •
# 이젠 수비수가 아닌 공격수로 뛸 차례다

혈기왕성한 2, 30대도 아니고, 평균 수명 절반을 훌쩍 넘은 나이에 새로운 시작을 한다는 것은 결코 쉬운 일이 아니다. 스스로 나이가 들었다는 인식이 앞으로 나아가는 일을 더디게 만든다. 그런데 나이가 든다는 것은 받아들이기에 따라 천지차이가 난다. 나이 드는 입장에서는 노화가 진행된다는 점에서 결코 유쾌한 일이 아니며 자신이 점점 불필요한 존재로 전락해 가는 것은 아닌지 부정적인 생각에 빠지기 쉽다.

하지만 긍정적으로 받아들인 사람 입장에서는 나이 든다는 것을 지혜와 노련함이 더해지는 아름다움으로 여긴다. 미국의 시인 롱펠로우는 "나이가 든다는 것은 젊은이들보다 기회를 덜 가지는 것이 아니다. 단지 다른 옷으로 갈아입었을 뿐이다. 저녁의 황혼빛이 사라지면 하늘은 낮에 볼 수 없었던 별들로 가득 찬다"고 예찬했고, 영국이 낳은 세계적인 그림동화 작가인 존 버닝햄도 "한탄도 슬퍼도 말라. 변하는 건 겉모습일 뿐 인생은 언제나 전성기"라고 긍정했다.

자, 이제 인생의 전성기를 위해 뛰어야 하지 않겠는가.

일선 취재 기자를 할 때는 몰랐다. 세상이 다 내 것만 같았고, 만나는 고관대작이 다 나와 동렬同列 같다는 착각이 들었다. 그러나 부장이 되어 내근을 하면서 회사 경영도 옆에서 보고, 간부들과도 대화를 나누면서 나도 한 명의 직장인에 불과하다는 사실을 뼈저리게 느끼게 되었다. 경영진의 눈치를 안 볼 수 없고, 그런 현실 감각의 테두리 안에서 처세를 할 수밖에 없는 위치에 서게 됐다.

나보다 먼저 회사에 들어왔던 선배들을 보더라도 알 수 있었다. 그중에서 극히 일부만 경영진 등으로 남고, 나머지는 대부분 50대에 퇴직했다. 어떤 분들은 회사의 배려로 관공서나 기업으로 재취업을 했지만 대부분은 그냥 쓸쓸하게 집으로 돌아가게 됐다.

현장을 함께 뛰며 팔팔하게 세상을 살았던 선배들이 어느덧 정년을 맞아 물러나고, 더욱 희끗해진 머리와 처진 어깨, 희미한 미소를 띤 노년의 모습으로 조우하게 될 10년 후, 20년 후 내 모습을 그리지 않을 수 없었다.

'나는 인생을 열심히 살았다. 그러나 최선의 삶은 아니었다. 나는 스스로 선해지려고 노력했다. 그러나 그렇지 않은 면도 많았다. 성급하고, 분노를 다스리지 못하고, 이기적이고, 독단적인 때도 많았다.'

성찰해 보건대, 아직도 내 인격이나 삶의 태도에 개선해야 될 점이 수두룩한데 '얌전하고 영악한 샐러리맨'으로 살아야 하고, 그러다 얼마 후 쓸쓸한 정년과 노년을 맞이해야 한다는 사실이 허무하게 느껴졌다. 회사에 다니면서 끊임없이 내 머리를 파고드는 상념 하나가 카프카의 《변신》이었다. 가장으로서 가정의 생계를 책임지고 최선을 다하던 그레고리는 어느 날 괴상망측한 벌레로 변신하고 만다. 주인공 그레고리가 느끼는 불가항력적인 소외감과 절망감이 내게도 불편한 진실로 다가왔다. 내가 진정 제대로 변신하지 않는다면 경제적 능력을 상실한 벌레가 되어 쓸데없는 존재로 냉대 받게 되는 것은 아닌지 심장이 서늘해지기까지 했다.

내가 어렸을 때만 해도 인간의 평균 수명은 60세 정도였다. 70이 넘으면 장수한다는 소리를 들었다. 그러나 경제 발전과 의료 기술의 발달로 한국인 평균 수명도 70세를 넘어섰고, 이제 웬만한 노인들은 팔순, 구순까지 살게 되는 시대가 됐다. 한마디로 고령화 시대가 된 것이다.

　자칫 앞으로 인생의 관리를 잘못했다가는 인생 전반기에는 상상도 못한 '험한 인생'이 후반기에 기다릴지도 모른다. 일본에서 이미 20년 전부터 유행하기 시작한 황혼 이혼, 낙엽족이 곧 내 후반기 인생의 모습일지도 모르며, 자식 왕래도 없이 혼자 쓸쓸히 살아가는 독거노인의 모습도 남의 이야기가 아닐 수 있다는 불안이 소용돌이쳤다. 그럴수록 일에 더욱 매달렸고, 내 자신과 주변을 채찍질했다. 그런데 삶은 더 행복해지지 않았고, 불안도 더 커졌다. 언제 괴상망측한 벌레로 변신하게 될지 모르는 일이었다. 그러다가 결국 사표를 낸 것이다.

　앞으로 나는 무엇을 어떻게 할 것인가?

　이제 나는 앞날에 대한 구체적 계획을 세워야 하는 시점에 서게 됐다. 처음부터 여느 퇴직자처럼 사업에는 관심이 없었다. 애초에 마음먹었던 '익숙한 일에서 출발하는 것', 그것은 곧 글이었다. 우선 나는 책을 쓸 것이다. 내가 신문기자가 된 것도 필명筆名으로 성공하고 싶어서였다. 내 이름 석 자로 된 칼럼과 책을 써서 유명해지고 싶고, 영향력을 발휘하고 싶었다. 비록 신문사에서 나온 몸이지만 자력으로 베스트셀러를 만들어 제2의 인생 독립을 성취하고 싶었다.

　당시는 한국을 비판하고 우리 현대사를 폄하하는 내용의 책들이 주류를 이뤘는데, 나는 그 반대의 책을 쓰고 싶었다. 지난 60년간 이룩한 한강의 기적은 대단한 것이었고, 한국인들의 장점과 리더십이 결합해 이룬 세계적인 쾌거였다. 그러나 그동안 너무 부정적인 면에만 치우쳤던 만큼 사실을 제대로 알리고 싶었다. 21년 2개월의 기자 생활 중 18년간을 일선기자로 뛰었고, 이 중 6년 이상을 해외에서 활동했다. 한강의 기적에 대한 진정한 가치를 깨달은 것도 외국 근무 중에서였다.

또한 일반 원고도 쓸 계획이었다. 생계를 위해서도 필요했고 훗날 원고를 모아 책을 내기 위해서였다. 월간·주간지 등 잡지에 연재물을 쓰고, 가능하면 신문에 칼럼도 써 필명으로 출간하고 싶었다.

나는 이 두 가지 일에 주력하면서 적어도 향후 2년간 어떠한 조직에도 몸담지 않고 프리랜서로 혼자 생활하겠다고 마음먹었다. 2년의 시간은 나를 단련해 재도약을 이룩하는 데 전념할 것이다. 그 다음은 2년간 최선을 다한 후 생각해도 늦지 않다. 그렇다면 앞으로 당분간 생활은 '적자 재정'일 수밖에 없는데, 이를 감수하겠다고 다짐했다. 퇴직금을 아껴 쓰면 최소한 3~4년은 버틸 수 있다.

글을 쓰자면 공간이 필요하다. 당장 수입이 없으니까 집에서 할까도 생각했지만 그럴 경우 심각한 가정불화가 생길 소지가 있었다. 하루 종일 출근도 안 하고 글이나 쓰는 남편을 바라보는 아내의 심경을 고려하지 않을 수 없었다. 1년 365일을 바깥에서 살던 남자가 어느 날 집에서 속옷 바람에 원고나 쓰며 갇혀 사는 모습은 어떻겠는가.

나는 경제적 부담이 되더라도 일단 출근해서 일할 수 있는 공간을 확보하는 것이 급선무라고 생각했다. 사무실 위치는 언론사나 출판사와 자주 접촉하기 좋은 시내로 정했다. 이왕이면 밤에 잘 수도 있는 오피스텔을 선택하자. 앞으로 원고 쓰며 생활하려면 꼬박 밤을 샐 때도 있을 것이다. 굳이 꼬박꼬박 집에 들어갈 필요도 없었다. 올해 안에 책을 내려면 밤낮 없이 부지런히 써야 했다. 그러기에는 살림도구 일체가 준비된 오피스텔이 적격이었다.

마음을 먹고 찾다보니 괜찮은 오피스텔이 발견됐다. 종로구 수송동에 최근 완공된 D오피스텔. 집에서는 지하철 3호선을 타고 안국역에 내려서 걸어가면 된다. 인근에 지하철 1호선, 5호선 전철역이 있는 교통의 요지다. 언론사나 관공서도 모두 걸어갈 수 거리에 있었다. 내게 적합한 크기는 7평 정도였다. 나와 직원 한두 명이 근무할 수 있는 공간으로, 목욕탕, 싱크대, 가스레인지, 세탁기 등이 모두 구비돼 먹고 자고 생활하는 데 전혀 지장이 없었다.

가격은 전세가 8,000만 원 선. 월세는 보증금 1,000만 원에 50만 원 선. 나는 전세를 택했다. 어차피 퇴직금을 은행에 넣어도 낮은

이자밖에 받지 못한다. 퇴직금 일부를 전세 보증금으로 사무실을 얻으면 매달 경비는 대폭 절약된다. 관리비는 월 12만 원 선. 별도 주차비가 월 5만 원 정도 드는데 대중교통을 이용할 거라 신청하지 않았다.

　종합해 보면 사무실 운영을 위한 기본 유지비는 다 합쳐봐야 20만 원을 좀 넘는 수준이다. 팩스 포함 전화 2대, 핸드폰 1대, 인터넷 사용료를 다 합친 금액이다. 점심은 굳이 식당에서 사 먹을 필요가 없다. 오피스텔 내에서 가벼운 음식이나 라면이나 빵으로 때우면 된다. 아니면 직접 밥을 지어 먹어도 될 일이다.

　혼자 독립하려면 법인을 설립하거나 개인사업자 신고를 세무서에 해야 한다. 그러나 나는 당분간 원고료 정도 버는 일을 하기 때문에 굳이 개인사업자가 될 필요가 없었다. 개인사업자가 되면 분기별 소득에 따른 신고나 금전출납에 따른 기장記帳 등을 해야 할 의무가 있었다. 나는 그냥 자연인으로 지내기로 했다.

　내 일의 성격상 직원을 둘 필요는 없었다. 만약 원고 주문이 많아 바빠진다면 자료를 찾아주는 아르바이트 학생을 쓰면 된다. 대개 처음 비즈니스를 하는 사람들의 경우 경비 절약을 위해 정규직보다 아르바이트 학생을 쓰기도 한다. 보통 시간당 얼마씩 계산해 주며 일주일에 3일이라든가, 수업 없는 날을 골라 근무하는 형태다. 아르바이트 학생은 대학 취업게시판에 무료 광고를 통해 충원하면 된다.

　내가 일할 방향과 이에 따른 기본 업무 공간이 확정됨에 따라 지체 없이 오피스텔로 이사했다. 집에 있던 서가를 옮겨오고 책상, 컴퓨터, 팩스, 기타 집기를 구입했다. 아예 24시간 근무에 대비, 마트에서 물품을 구입해 사무실에 가져다 놓았다. 그야말로 한 살림 장만했다고 쳐도 과언이 아니었다. 새로운 생활을 시작해서 그런지 불안감도 없지 않았으며 들뜨고 묘한 긴장감도 있었다.

　비록 정식 사업자는 아니더라도 회사 이름은 만들기로 했다. 명함도 만들려면 뭔가 직함이 필요했다. 회사명은 내 이름 끝 자 '준'을 따 '준 미디어Jun Media'로 정했다. 발음하기도 좋고 외국인들이 들어도 낯설지 않을 것 같았다. 사업 내용은 언론·학술 매체 등에 대한 기고, 저술, 출판, 연구를 주 사업으로 하고, 부대 사업으로는 강연, 방송 매체와의 연계 사업을 수행하는 것으로 정했다.

　회사 소개나 명함에 들어갈 회사 로고는 내가 다니던 직장의 '아트 디렉터'에게 부탁했다. 로고가 만들어지자, 전문 디자인 제작업체에게 명함, 소봉투, 편지지, 대봉투 등의 디자인을 의뢰했다. 인터넷 시대라 이런 디자인 회사는 직접 찾아가지 않아도 온라인상으로 거래하고, 직접 디자인을 정해 제작할 수 있다. 비용도 저렴했다 명함의 바탕색, 재질, 활자체, 활자체 색깔, 로고, 로고 색깔 등의 세부사항을 온라인상으로 결정했다.

　대략적인 수입과 지출을 구상하면서 1~2년간 적자 재정은 불가피하다고 생각했다. 돈을 더 벌겠다는 생각보다 어떻게 하면 저축 금액과 퇴직금에서 마이너스를 최소화할 것이냐에 신경 쓰기로 했다.

　나는 우선 월 지출, 수입을 대략 이렇게 생각했다.

| 지출 | 생활비=300만 원
사무실 운영비=30만 원
용돈, 활동비=170만 원
계=500만 원

| 수입 | 월간조선 연재 원고료=150만~200만 원
기타 원고료=50만~100만 원
계=200만~300만 원

　계산을 해 보니 결국 한 달에 200만~300만 원의 적자가 발생했다. 물론 첫 출발이라 그렇지, 앞으로 시간이 지날수록 적자 폭은 줄어들 것이었다. 당시 수준의 적자폭으로 계산해 보면 1년에 대략 2,400만~3,600만 원의 손실이 발생한다. 그러나 적자는 아마도 더 발생할 수도 있다. 이번에 대학 진학하는 아들의 등록금과 용돈, 중3 딸의 과외비 등을 고려해 보면 적자폭이 훨씬 커질 것이다. 그렇지만 몇 년간 허리띠 졸라맨다고 생각하면 버티지 못할 것도 없었다.

마지막으로 나는 사무실 근처에 헬스클럽을 찾아보았다. 앞으로 고난의 세월을 버티려면 우선 육체적으로 건강이 뒷받침돼야 했다. 건강해야 마음도 다스릴 수 있고, 건강해야 머리도 더 효율적으로 돌아간다. 사람을 치명적인 질병으로 이끌 수 있는 스트레스 중 가장 강도가 높은 것이 배우자의 죽음과 실업失業이라고 한다. 이른바 '백수'가 되면 스트레스가 줄고 편해질 것 같지만 자기 스스로 무력감, 허무감, 자책감에 빠져 건강을 더 해칠 수도 있다니 말이다. 다행히 5분 거리에 괜찮은 헬스클럽이 있었다. 바로 등록했다.

이제 준비는 거의 끝났다. 새로운 나로 변신하기 위한 준비를 마치고, 시작을 알리는 신호에 맞춰 열심히 뛰는 일만 남아 있었다. 출발점을 알리는 트랙 위에 두 발을 딛고 바닥에 짚은 두 손을 가볍게 한 뒤 신호에 맞춰 몸을 곧추세워 첫 발을 디뎠다.

40대라고 해서 도전을 마다하고 몸을 사리며 수비만 할 것인가? 자신의 인생을 어떻게 만드는가는 전적으로 스스로의 판단에 달려 있다. 앞으로도 계속 수비수로 남을 것이냐, 아니면 성취의 기쁨을 누리기 위해 과감히 공격수로 나설 것이냐는 당신의 선택에 달려 있다.

지금은 도전할 때다. 관록과 여유라는 무기가 있으니, 더 이상 주저할 필요가 없다. 나이 드는 것이 아니라 새로운 삶의 과정이며 여전히 성장하고 있는 것이다. 자, 이제 준비가 됐다면 자기 인생의 공격수로 다시 뛰어라.

## •8•
## 자기부정과의 싸움에서 긍정을 끌어내라

인생의 터닝 포인트가 되어주고, 성공의 열쇠이기도 하고, 삶의 등대가 되어주었다는 공통의 키워드는 바로 '긍정'이다. 긍정의 힘을 믿는 이들을 보면 하나같이 위기의 순간에 힘을 주고, 어려움 속에서도 희망을 잃지 않는 원동력이 된 것이 바로 긍정이라 말한다. 더 이상 물러설 곳이 없는 벼랑 끝에 선 사람들에게도 마지막 희망은 아마 '긍정'일 것이다. 이렇듯 긍정적으로 상상해야 무엇이든 실현할 수 있다.

드디어 오피스텔에 입주했다. 새로운 나만의 직장이 생긴 것이다. 완공된 지 한 달도 안 된 새 건물이라 페인트나 화학제품 원료 냄새가 독했다. 마치 홀로서기를 결심했을 때 쏟아지던 비난의 시선처럼 격했다. 이제 내 생활의 새로운 터전이 된 작은 사무실 책상에 앉아 나는 고요히 상념에 젖어들었다.

언제부터인가 나 자신과 내면의 불화不和를 겪고 있었다. 그것은 이미 아주 오래 전부터였는데, 때때로 화해하기도 하고 일시적으로 치유될 때도 있었지만 증상은 계속 됐다. 그래서 늘 마음이 불편했다. 내면의 목소리는 대개 부정적인 메시지나 신호를 던져주었다. 나는 대체로 주어진 일 해결에 급급한 편이어서 어떤 긍정적인 상상이나 생각을 하는 습관에 익숙하지 않았다. 하지만 성공한 심리학자나 종교인, 기업 컨설턴트들이 쓴 많은 지침서를 보면 그 핵심 원리는 이렇게 요약된다.

'당신이 원하는 것을 상상하라. 그러면 실현될 것이다.'

나는 그 말이 맞다고 생각했다. 설명하자면 복잡하지만 그 말에는 우주와 인생의 진리가 담겨 있다고 생각했다. 로마시대 마르쿠스 아우렐리우스도 이렇게 말했다.

'당신의 삶은 당신이 생각하는 대로 된다.'

우리나라에서도 베스트셀러로 인기를 끈 론다 번의 《시크릿the Secret》 역시 원하는 대로 얻을 수 있다는 요지를 담고 있다. 내 마음에 그린 그림과 생각이 결국 그것을 끌어당겨 획득할 수 있게 하고 성취시킨다는 것이다.(훗날 피겨스케이트의 여왕 김연아 선수도 가장 감명 깊게 읽은 책으로 이 책을 추천했다.)

'마음에 어떤 생각이 일어나면, 바로 그것이 당신에게 끌려오게 된다. 힌두교, 신비주의, 유대교, 그리스도교, 이슬람교 같은 종교도 결국 같은 이야기다. 이 비밀을 안 사람이 성공을 하게 된다. 왜 전 세계 1%밖에 안 되는 사람들이 전 세계 돈의 96%를 벌여 들이느냐. 당신이 마음으로 본다면 손으로 쥐게 될 것이다. 생각이 현실이 된다.'

성서에서 예수도 제자들에게 이렇게 말한다. "너희가 기도하며 구하는 것은 무엇이든 그것을 이미 받았다고 믿기만 하면 그대로 다 될 것이다"고 말이다. 마치 각본대로 움직이듯 모두 긍정이라는 하나의 지점으로 향하고 있었다.

그런데 문제는 그런 긍정적인 상상이 내게는 잘 발휘되지 않는다는 점이다. 워낙 부정적인 생각에 익숙했기 때문이다. 원하는 것을 상상할 수 없으니 결과는 뻔한 것이다. 어떨 때는 '내가 진정 무엇을 원하는 걸까?' 하고 자문할 때도 많았다. 어떤 지위나 부(富)를 원한다고 생각하면 너무 세속적인 것 같아 싫었다. 가령 신문기자라면 당연히 신문 제작의 총사령관인 편집국장이 되길 원하는데 나 역시 마찬가지였다. 그런데 편집국장이 된 나를 상상해 본적이 별로 없을 뿐만 아니라 상상하려고 노력해 봐도 잘 안 됐다.

두 가지 이유인 것 같다. 하나는 편집국장을 목표로 산다는 것이 너무 세속적으로 여겨지는데, 그런 점에서 나는 조선시대 '남산골샌님'이나 소설 《데미안》의 '알을 깨고 나오지 못한' 애송이였다. 다른 하나는 심각한 자기부정이다.

'너는 편집국장이 될 수 없어. 실력도 없고, 리더십도 없다. 한번 너 자신을 돌아보렴. 네가 무엇에 대해 확신하고 있는지, 네가 어떤 가치를 걸고 목숨을 바칠 수 있는지, 아니면 누구를 위해 봉사하고 희생할 수 있는지…. 없어. 확신하는 것도, 목숨을 바치는 것도, 희생하려는 마음도 너는 갖고 있지 못해. 그런데 어떻게 너란 인간이 여론을, 세상을, 사람의 생각을 이끌 수 있겠니?'

결국 마음은 긍정적이 아니라 부정적으로 바뀐다. 그러니 항상 나의 긍정적인 미래상은 불확실성 속에 숨어 있었다. 자기 자신과의 불화는 곧 자존감의 결여로 나타난다. 걸핏하면 성내고 조바심 내고, 자기 자신만 생각하게 된다. 남의 감정이 어떤지, 배려라는 것이 무엇인지, 왜 상대방의 말을 들어주는 경청이 중요한지를 망각하게 된다.

우리 주변을 돌아보면 긍정적이지 못한 사람들이 적지 않음을 발견한다. 그들은 아주 작은 일에도 못 참고 분노한다. 그러고는 그 감정에 대해 적당한 명분을 둘러대거나 희생양을 만들어 빠져나간다. 때로는 회사 상사나 주변을 탓하거나 시대적 세태를 희생양으로 몰아가기도 한다. 정치인이나 위정자, 국가나 국민, 또는 부자나 가난한 사람 등 가리지 않고 그들의 탓으로 돌린다. 항상 자기의 문제가 아닌 남의 탓으로 돌리는 이들은 변화가 없고, 발전이 더디게 된다.

자신과의 불화는 자기 확신 부족으로 이어지는데, 자기 확신이 부족한 사람의 경우 대개 두 가지 유형이 있다. 어영부영, 우왕좌왕, 우유부단해 결단을 못 내리고 뭉그적거리거나, 정반대로 지나치게 자기주장을 한다. 나는 후자에 속했다. 남이 내 의견에 이의를 제기하면 못 참고 더욱 완강하게 자기주장을 펴고, 말이 점점 많아지면서 자기 자랑으로 이어진다. 때로는 독단적이고 일방적이며 엄격한 태도로 상황을 평가하고 상대방을 주눅 들게 만든다.

결국 다른 사람과 불화로 이어지는 것은 당연한 일, 그래서 더욱 마음의 평정이나 즐거움을 빼앗아 버린다. 늘 불편하고 예민한 상태에 있다 보니 정신적인 면에서 '갑옷'으로 단단하게 무장한다. 감성적인 면에서는 자신의 현재 감정과 다른 모습으로 위장한 채 생활한다. 최근 회사에서 지낸 생활들이 그러했다. 그런데 이제 나를 둘러싸 내 시야를 막던 회사가 사라졌으니, 나는 부정적인 나로부터 탈출을 시도하지 않으면 영원히 정체될 상황이었다.

19세기 작가 프렌티스 멀포드는 이렇게 말했다.

"마음속으로 과거의 어두운 면을 바라보면서 불행하고 실망스러웠던 일을 계속 곱씹는 사람은 앞으로도 비슷한 불행과 실망이 찾아와달라고 기도하는 것이다. 앞날을 생각할 때 떠오르는 것이 '불운' 뿐이라면 그러한 불운이 오기를 기도하는 것이고, 분명히 기도한 대로 되리라."

정신적 삶이 팍팍해지면서 점점 인간의 내면이 궁금해졌다. 사실 내가 만난 사람들을 분석해 보면 성공했다고 평가를 받는 사람들 중에 오히려 불행하고 내면이 빈약한 사람들이 꽤 많았다. 또 성공한 사람들의 이야기를 추적하다 보면 매우 쓰라린 과거나, 전혀 예기치 않은 스스로의 약점이 드러나는 경우도 꽤 많았다.

주간조선 편집장 시절 그 점에 착안해 '성공한 사람들의 실패담'을 연재물로 기획하고 내가 직접 취재를 나선 적이 있었다. 그때 만난 성악가 조수미. 그녀는 서울대 음대 1학년에 재학 중 같은 학교 동갑내기 남학생을 만나 뜨겁게 연애를 했다. 공부고 뭐고 다 제쳐놓고 연애에 몰두하는 바람에 2학년으로 올라가는 것 자체가 어렵게 됐다. 교수와 가족들은 상의 끝에 조수미를 이태리로 유학 보냈다.

돌이켜보면 조수미에게 있어 성공의 결정적 계기는 1학년 때 연애에 빠져 '불성실한' 학교생활을 한 것 때문인지 모른다. 만일 그녀가 불같은 사랑에 빠지지도 않고, 공부도 잘하는 모범생 생활을 통해 착실하게 서울대를 졸업했더라면 굳이 당시로선 가기 어려운 이태리 유학 생활을 거치지 않고 착실하게 교수 생활을 추구했을지 모른다. 설령 유학을 갔더라도 무던하게 지나갔을 것이다.

그러나 조수미는 예술가 기질에 걸맞게 뜨거운 사랑을 했고, 그 사랑이 이뤄지지 않은 채 타국 먼 나라에서 연인을 그리며 열망하는 어려운 시간을 보냈기에 지금의 조수미로 재탄생 했으리라. 그 고통의 시간이 그녀를 훌륭한 예술가로 만든 자양분이 된 것이리라.

오늘날의 조수미를 만든 행운의 신은 처음에는 미소 띤 얼굴로 오기는커녕, 도리어 험악한 모습으로 다가왔다. 조수미와 주변 사람들은 그 상황을 적절히 대응해 행운으로 만들어 간 것이다. 나는 인생의 반전反轉에 열광하고 매력을 느낀다. 그리고 이제는 내 인생도 그럴 수 있다고 생각했다.

국민배우 안성기는 어떤가. 그는 아역배우로 공부를 소홀히 할 수밖에 없는 상황이었다. 그러나 천성이 모범적인 그는 성적이 좋지 않은 것이 늘 마음에 걸렸다. 어쨌든 그는 자력으로 외국어대 베트남어과에 진학했고, 열심히 공부한 덕에 과에서 1등 졸업을 했다. 그리고 ROTC 장교로 군 복무를 했다. 어려서부터 배우를 했기에 영화인들의 험난한 생활을 너무 잘 알고 있었던 그는 영화배우가 되기를 원하지 않았다. 당시 한창 뜨는 대기업에 입사하려고 했는데, 군 복무 중 베트남전이 공산 월맹의 승리로 끝나버렸다. 그러자 베트남과 한국과의 외교 관계가 단절됐고 베트남어 전

공자를 받아주는 대한민국 직장은 아무 데도 없었다.

결국 백수가 된 안성기는 배운 것이 연기라 영화판을 기웃거릴 수밖에 없었고 지금의 국민배우로 존재하게 됐다. 그 역시 월남 패망이라는 역사적 사건으로 취직을 못하게 된 것이 아이러니컬하게도 지금의 대스타를 만든 계기가 된 것이 아니었을까.

지금에 와서 돌이켜 보니 내가 왜 그런 취재에 몰두했는가를 이해할 수 있었다. 나는 다른 사람들의 실패담 취재를 통해 내 자신과의 불화에서 탈출하고 싶었던 것이었다. 그래서 내가 사무실을 낸 후 첫 번째로 기획한 것이 바로 '우리 시대 최고들의 실패담'이었다. 나는 월간조선 조갑제 사장을 만나 이 주제를 설명하고 매달 연재하겠다고 제의했다. 조 사장은 쾌히 승낙하고 원고지 1매당 1만 5,000원을 주겠다고 했다. 나의 새로운 도전을 격려하기 위한 '파격적인' 지원이었다. 나는 매달 월간조선에 연재하고 내년에는 연재물을 묶어 책으로 출간하겠다는 계획까지 잡았다.

첫 번째 대상을 누구로 할 것인가. 각 부문의 1인자를 다뤄야 할 것인데 우선 소설가 중에서 선택하기로 했다. 이문열과 황석영이 떠올랐는데, 나는 이문열을 선택했다. 그가 1980년대 숱한 화제작과 걸작을 양산해 낸 최고의 작가였음에도 지금 문단의 누구보다 어려운 처지에 놓여 있다는 극적인 상황 변화에 주목해서다. 그에 비해 황석영은 DJ·노무현 정권을 거치면서 문단 주류와 정권으로부터 인정받아 비교적 안락한 삶을 보내고 있었다.

이문열에게 전화를 했더니 인터뷰 제의를 쾌히 응낙했다. 다만 자신이 사는 경기도 이천으로 와 달라고 했다. 직접 만나 보니 그와 나는 동병상련의 처지였다. 나는 내 자신과의 불화로 시달리고 있었고, 그는 시대와의 불화를 심하게 겪고 있었다. 당시 이른바 진보 세력들로부터 집중 공격을 받는 상태였다.

그는 취흥이 도도해지자 갑자기 벌떡 일어났다. 그리고 17세기 영국이 낳은 대문호 존 밀턴의 서사시 《실락원失樂園》의 한 구절을 읊조리기 시작했다.

"고약한 시대 험한 구설口舌을 만나 암흑과 위험과 고독에 둘러싸여…."

흥얼거리는 동안 그의 얼굴엔 그림자가 짙게 드리워졌다. 마치 청교도 혁명이 실패로 끝난 뒤 자신의 이상과 권세를 잃고 사면의 적들 속에서 고독과 빈궁에 빠진 채 《실락원》을 썼던 밀턴의 암담한 처지와 자신을 병렬에 놓고 비교하는 듯했다.

"나는 지난 20년간 문학을 하면서 피해의식을 더 많이 느꼈습니다. 돈을 벌고 목표를 성취하며 승승장구했는지는 몰라도…. 대중과의 관계에선 성공했지만 1980년대 '이념의 시대'를 지나오면서 이른바 진보적 이념의 사람들, 좌파 운동권 쪽에선 한 번도 나를 인정해 주지 않았습니다. 그들은 그때 문단을 장악했고 지금은 정치·권력까지 잡고 있습니다."

이문열은 흔들리고 있었다. 인터뷰 도중 그 스스로도 "내 생애에 있어서 가장 어려운 시기일지 모른다"고 할 정도로 힘들어했다. 그와 처음 만나기로 약속한 날 자동차를 몰고 그가 사는 경기도 이천 집에 들어갔을 때 그는 전날 밤 먹은 술에 취해 오후까지 자고 있었다. 허름한 차림에 맨발, 어젯밤 '격전'을 말해주는 부석부석한 얼굴, 일부 뻗쳐 있는 머리카락의 자태(?)로 나를 맞아주었다.

1979년 《사람의 아들》로 일약 문단의 스타로 등장한 그는 지난 25년간 줄잡아 2,700만 부의 책을 판 이 시대 최고의 베스트셀러 작가다. 동시에 한때 문단의 상이란 상은 모두 휩쓸 정도로 문학성을 인정받았고, 대학생들이 가장 즐겨 읽는 책의 저자로 수년 연속 자리를 지켰다. 예술성과 대중성이 결합된 폭넓은 그의 문학성은 세계 각국을 통해 다투어 소개되기도 했다.

그러나 그는 한국 사회의 아킬레스 건腱 같은 이데올로기 문제에서 침묵하지 않고 확실한 우右로 자리매김하면서 반대 진영으로부터 숱한 공격을 받고 갖은 구설에 오르내렸다. 그는 1984년 장편 《영웅시대》를 발표하면서부터 문단의 한 축으로부터 집중 공격을 받기 시작했다. 그 책은 월북한 자신의 아버지를 중심으로 해방 전후 남한 공산주의자들의 이야기를 다룬 책이다.

김대중·노무현 정권에 접어들면서 이른바 민족·통일·평

등·과거 청산·개혁·진보로 요약되는 시대 주류 코드에 맞서자 문단에서는 그를 '왕따'로 내몰았고, 좌파 성향의 정치권, 사회계 사람들은 그를 '보수·반동', '수구꼴통'의 대명사로 비판했다.

내게는 '시대적 불화'를 겪고 있는 이씨가 자신의 인생에서 지금의 어려움을 어떻고 보고 있는지, 또 어떻게 헤쳐 나가려는지가 매우 궁금했다. 그를 통해 '자신과 불화'를 겪고 있는 내 처지를 극복할 수 있는 지혜를 얻고 싶었다.

그는 호주가好酒家였다. 우리는 의기투합해 두 번째 만남에선 아예 밤을 새며 술을 마시고 이야기를 나눴다. 그가 좋아하는 술은 맥주와 위스키를 섞어 마시는 '폭탄주'였다. 우리 둘은 불과 수시간 만에 조니워커 12년생 한 병을 폭탄주로 만들어 마시고 곯아떨어졌다. 위스키 한 병을 둘이 나눠 마시는 것도 엄청난 양인데 거기다 맥주를 섞어 마셨으니 말 다한 셈이다.

그는 지난 십수 년이 참으로 어려운 시기였다고 토로했다. 실패의 나락으로 빠질지 모른다는 불안감에 휩싸였다고 실토했다. 지금이야말로 자신의 전 생애에서 절체절명의 위기일는지도 모른다고 했다. 그러나 그는 타협하거나 투항할 생각이 전혀 없는 것 같았다. 비록 독한 술로 자신을 달래고 가슴앓이를 하고 있지만, 스스로 흔들리고 불안해하며 미래를 불투명하게 느낀다는 점을 기자인 내게 거침없이 털어놓을 수 있다는 사실이 바로 그의 기氣가 아직 살아있고 건강한 사고를 하고 있다는 증거였다. 그는 미래에 대한 희망을 숨기지 않았다.

"너무 상황을 투쟁적으로 인식하는 것인지 몰라도 '대반격' 할 기회도 모색하고 있습니다. 지금 젊은 사람들을 오게 할 유인 요인을 찾고 이런 어려운 때일수록 더 확대 재생산해야 된다고 봅니다."

나는 그와의 만남의 이야기를 월간조선 2005년 3월호에 실었다. ['1등의 실패 연구' 작가 이문열 편 - "나는 지금이 실패중이다"]라는 글이었다. 그에 대한 글은 곧 나의 새로운 생활에 대한 전투 의지를 강화하는 나의 다짐이기도 했다.

나는 긍정과 가까워지기 위해 조금 다른 길을 택했다. 많은 자기계발서에서 추천해 주는 긍정적 상상보다는 혹독한 자기부정과의 싸움에서 긍정을 끌어내려는 작업이었다. 그래서 자기와의 문제든 시대와의 문제든 불화를 겪고 있는 사람에게 마음이 끌렸다. 물론 그 속에서 안주하려는 것이 아니라 부정의 실체를 확연하게 드러내서 긍정에 이르도록 노력한 사람들이었다. 그 과정에서 조금 더 아프기는 했지만 머지않아 내가 긍정적인 사고의 소유자가 될 것을 믿어 의심치 않았다.

그러나 자기부정과의 싸움에서 긍정을 끌어내기 어렵다면 자기암시를 생활화하는 것도 방법이다. 좌절을 이겨내고 자신감을 가질 수 있도록 스스로에게 최면을 거는 것이다. 자기암시란 평소에 품고 있던 상상이나 생각을 반복함으로써 언젠가는 실현시키려는 의지다.

의사가 환자에게 가짜 약을 투여하면서 진짜 약이라고 하면, 환자는 좋아질 것이라는 믿음 때문에 병이 낫는 현상인 '위약 효과 placebo effect'도 일종의 자기암시다. 자기암시는 원래 치료법에서 출발했다. 마음의 치유와 변화를 위한 것으로, 자기암시법을 연구했던 에밀 쿠페는 '나는 날마다 모든 면에서 점점 더 좋아지고 있다'라는 긍정의 암시로 많은 사람들을 치료하기도 했다.

자기암시는 모두 긍정적인 것만을 뜻하지는 않는다. 부정적인 자기암시로 자신도 모르게 두려움과 불안, 공포에 휩싸여 자신은 뭘 해도 안 된다고 생각하는 사람도 있다. 이런 경우에 위약 효과를 초래할 수도 있다. 자기암시는 사람의 일생을 바꿀 수 있을 만큼 강력한 힘이 있다고 한다. 과학적으로 부정적인 상상의 뇌파보다 긍정적인 상상을 할 때의 뇌파가 수백 배 더 강하다고 하니, 오늘부터 긍정적인 상상으로 하루를 시작해 보자.

## 9.
## 가장 중요한 건
## 첫째도 둘째도
## 사람이다

"작은 일을 소중히 여겨라. 모든 것은 사소한 일에서 출발한다. 씨앗이 하늘을 찌르는 큰 나무가 되는 것을 보라. 행복도, 불행도, 성공도, 실패도 다 그 처음은 조그만 일에서 시작된다."

미국의 사상가이자 시인인 랠프 월도 에머슨의 말이다. 아무리 작은 일이라도 중요하게 여겨야 하며, 내 가장 가까이에 있는 가족과 친구들이 소중한 존재라는 것을 모르는 사람이 없을 것이다. 하지만 너무나 잘 알기에 때때로 상처를 주는 일이 많다. 다 이해해 줄 거라는 마음에서 그들에게 상처를 준 적이 없는지, 그리고 불화를 겪고 있지는 않은지 돌이켜 보라.

작년 이맘 때 일이다. 한잔 기분 좋게 마시고 집으로 돌아왔다. 아파트 엘리베이터에서 내리면서 '내 집은 천국'이라는 행복감에 잠시 젖어들었다. 문을 열고 들어서자 당시 중2였던 딸과 아내가 소파에서 쿨쿨 자는 척을 하고 있었다. 텔레비전을 보다 내가 들어오면 자는 척을 하는 것이 우리 집 '풍속도'다.

나도 장난기가 발동해 슬며시 다가가 딸의 다리를 손바닥으로 한차례 찰싹 쳤다. 그런데 너무 세게 친 것인지, 예상 못했던 나의 반응 때문인지 갑자기 딸이 기분 나쁘다며 벌떡 일어나 자기 방으로 들어가 버렸다. 그저 장난인데 그렇게 들어가니 어안이 벙벙하고 무안한 마음까지 들었다.

딸아이는 사춘기가 되다보니 매사 민감하게 행동하는 편이었다. 1남 1녀 중 막내인 딸아이는 어려서부터 나를 잘 따랐고, 함께 있는 것을 좋아했다. 적극적이고 감성적 성품이라 자기표현을 잘했다. 그런 딸이 요즘 투정하고 불만 섞인 듯 행동하는 경우가 많아 나도 주의를 줘야겠다고 생각하던 참이었다. 자기 방으로 휙 들어간 딸을 큰 소리로 불러 세웠다.

"야. 예삐(딸아이의 애칭)야. 이리 와 봐."

딸아이는 여전히 불만스러운 표정일 뿐 아무 말을 하지 않았다.

"너 지금 행동이 뭐야. 너도 장난 치고 아빠도 장난 친 것인데 왜 성질을 부려. 너 요즘 하는 행동 보니까 문제가 많아. 매사 못마땅해 하고, 코앞에 있는 학교 가는 것도 게으름 부려 지각하는 때도 많고. 그래서 되겠어?"

불과 2~3분 사이에 집안 분위기가 의도하지 않게 살벌하게 변해갔다. 딸은 내 말에 수긍하지 않았고, 못마땅한 표정으로 "아빠가 왜 세게 때려"라고 오히려 항의했다. 나는 딸의 그런 태도에 기가 막혀 "아빠가 진짜 때렸니? 너 오늘 혼 좀 나봐야겠다"며 현관에 걸려있는 구두 주걱을 갖고 와 방바닥을 치며 혼을 냈다.

그때 지켜보고 있던 아내가 나서서 왜 아이에게 그렇게 심하게 구냐며, 아이가 응석 부리듯 투정한 것인데 아빠가 왜 정색을 하고 혼을 내냐고 내게 따지듯 말했다. 아내까지 그렇게 나오자 나만 이상한 사람이 된 것 같아 당혹스러웠다.

"나도 누구보다 예쁘를 사랑해. 그렇지만 서로 장난하다 갑자기 아이가 성질을 부리는데 아빠로서 지적해 주는 것이 당연한 것 아닌가."

아내는 물러서지 않았다. 평소답지 않게 큰 소리로 내게 따졌다.

"그렇더라도 조용조용 말로 하면 되지, 무슨 회초리까지 갖고 와 방바닥을 치면서 공포 분위기를 만들어? 당신이 아이들에게 요즘 잘 대해준 적이 있어? 아이들이 어떻게 생활하는지, 어떤 생각을 하는지를 궁금해 한 적이 있냐고? 그저 술 마시고 늦게 들어와서는 실없는 농담 한번 하는 것이 고작이고…. 우리가 언제까지 당신 기분 맞추고 늘 참고 살아야 되는 거야?"

아이 버릇 고친다고 한 것이 부부싸움으로 번질 상황이었다. 아내는 내가 할 말이 없게 만들어 버렸고, 더 이상 대화를 할 필요가 없었다.

내 가정은 단란한 편이다. 세 살 연하 아내와 고3 아들, 중2 딸, 모두 건강하고 서로 믿고 사랑하는 사이다. 성격 좋고 알뜰한 아내는 아이들을 잘 보살펴주었다. 그래서 아이들은 아빠의 빈 공간을 별로 의식하지 않고 살아왔다. 여행이나 하이킹을 좋아하는 나도 어쩌다 쉬게 되면 아이들과 함께 놀았다. 4년 반의 긴 외국 특파원 생활을 할 때는 함께 여행하고 노는 시간을 많이 가졌다.

그렇다고 내가 모범적인 가장이라고는 말할 수 없다. 직업 특성상도 그렇지만 내 자신도 가정적인 편은 아니다. 늦은 귀가 시간, 바쁜 외부 약속으로 가족들과 함께 있는 시간이 적었다. 거기에 나의 급한 성격이나 감정의 표출은 아내와 자녀들에게 큰 부담을 줬던 것 같다. 나는 별로 의식 못했지만 받아들이는 입장은 다른 것이었다.

그렇다 하더라도 이날 상황은 나도 이해하기 힘들었다. 아이가 뻔히 버릇없게 행동한다면 가장인 아빠가 잡아주는 것이 당연한 일이 아닌가. 설령 방법이 다소 '오버'였다고 해도 말이다. 감정이 다소 격해지면서, 그리고 요즘 내게 닥치는 피곤한 상황이 떠오르면서 나는 아내의 행동이 매우 서운하게 느껴졌다.

'이 사람이 힘들 때 내 편이 되어 준 적이 있나? 도대체 내가 얼마나 집에서 '폭군'으로 행동했는가. 내가 얼마나 식구들을 피곤하게 만들었는가. 내가 얼마나 내 식대로 주장했는가? 나도 오늘을 잊을 수 없다. 잘 생각해 보자. 내가 어느 정도 실수를 했지? 오늘 딸아이나 아내의 행동을 난 이해할 수 없다. 하지만 가장인 나의 행동을 놓고 그들이 내 의도와 전혀 다르게 생각했다면 나도 역시 생각해 봐야 할 점이 있지 않은가?'

기억을 더듬어 보니 작년 상황이 생생하게 머리에 남아 있었다. 왜 작년에 일어난 사소한 마찰이 지금 생각나는지 반추하면서 결론이 자명해졌다. 결국 내가 잘못한 것이었다. 바깥일 한다고 돌아다니면서 가족들을 제대로 챙겨주지 못했고, 가족들은 그런 내게 서운한 감정을 갖고 있었다. 그것이 아이의 작은 '투정'으로 표출됐는데 나는 이해도 하지 않고, 참지도 않고 감정적으로 표출한 것이다.

참으로 한심한 가장의 모습이었다. 내 아내, 내 아이들로부터도 존경과 사랑을 받지 못하는 아빠였다는 데 대한 부끄러움, 그리고 회한이 밀려왔다. 가정도 작은 단위의 사회라 할 수 있는데, 그 관계에 대해 나는 너무 소홀하게 여기고 있었던 것이다. 가장 가깝고 편하다는 이유로 말이다.

그러나 문제는 이것만이 아니었다. 수십 년 지기였던 친구들과의 사이도 언제부터인가 원만하지 못하고 뒤틀리고 있었다. 딱히 이유는 없었다. 아니 내가 그 이유를 알지 못했다. 40대 후반이면 서로 자기 일들로 바쁜 나이라 가끔씩 만나 술 한 잔 하는 게 고작이다. 청년시절처럼 흥과 정이 넘치는 분위기도 아니었고, 각자 말은 못하지만 고민도 많았다.

어느 날 고교 동창 몇 명의 모임이 있었다. 왠지 한 친구의 말에 '가시'가 박혀 있는 듯했다. '뭔가 내게 불만이 있구나' 하는 느낌이 대번 들었다.

"영준이, 너 잘나간다며? 잘나갈 때 친구들에게 잘해…."

한 친구가 술 한 잔 들어가서 농담을 했는데, 나는 그냥 넘어가지 못하고 대꾸했다.

"야. 하루 5~6시간 자고 매일 허덕거리며 사는 인생이 잘나가는 거냐? 잘나가는 것은 너희들 아냐?"

그러자 기다렸다는 듯이 다른 친구가 거들었다.

"잘나가는 사람은 다르네. 건방지기도 해. 허허."

"야, 내가 뭘 건방져?"

몇 마디의 대화가 사람을 금세 피곤하게 만들었다. 그들의 뭔가

가시 돋친 말도 싫었고, 그렇다고 그 말에 꼬박꼬박 대응하는 내 자신도 싫었다. 그들 말대로 당시 내 삶은 비교적 잘나가는 편이었다. 국내 최고 신문사의 간부에다 가끔 점잖은 얼굴 사진에 내가 쓴 글도 나간다. 우리나라 논객 대접을 받으니 출세했다면 출세한 것이라고 볼 수 있다. 그래서 친구들의 '까칠함'은 그저 시새움이나 질투에서 비롯된 감정으로 생각했다.

그런데 얼마 전 한 친구의 한밤중 전화는 내 생각을 뒤흔들어 놓았다. 토요일 밤으로 기억한다. 신문기자들은 일요일자 신문이 없는 관계로 토요일 날 쉬고 일요일은 출근한다. 그날도 낮에 산에 갔다 와 저녁에 텔레비전을 보다 일찍 침대에 누웠다. 쉬는 날은 쉬는 날대로 그저 마음이 복잡하고 심란했다.

핸드폰이 울려 받아보니 대학교수로 있는 초등학교 때 친구였다. 한잔 거나하게 했는지 혀가 꼬부라져 있었다.

"야. 함영준. 뭐해? 좀 나와. 술 한 잔 하자."

나는 피곤도 하고 내일 출근해야 할 몸이라 "다음에 하자"며 심드렁하게 거절했더니 갑자기 그가 화를 내며 소리쳤다.

"야. 네가 얼마나 잘난 놈이야. 얼마나 대단한 놈이기에 시건방 떨어. 나쁜 자식!"

그리고 일방적으로 전화를 끊어 버렸다. 나는 어안이 벙벙했다. 외형상으로는 그 친구가 내게 실수를 한 것이 맞다. 그렇지만 왜 그런 식으로 내게 감정을 퍼부었을까. 그가 근래 내게 무언가 안 좋은 감정을 갖고 있던 것이 격발된 것은 아니었을까. 더구나 그 친구는 40년 가까운 죽마고우였다. 분명히 상대방이 내게 실수한 것인데 내 마음 한구석에선 상대방을 두둔하고 나를 비판하는 소리가 있었다.

'네가 평소 잘했으면 그 친구가 그렇게 하겠니?'

가족과의 문제, 친구들과의 불화는 내 자신을 벼랑 끝으로 몰게 했다. 내 스스로 자신에 대해 비판적이 된 데에는 가족과 친구와의 문제도 크게 작용했다. 내가 나를 제대로 인정하려면 우선 가족과 친구들과의 관계부터 재정립해야 한다. 내가 회사를 나와 이렇게 은둔 생활을 택한 것도 이런 문제들에 대해 진지하게 고민해서 해결책을 찾으려고 한 것이 아닐까.

베스트셀러 《화》를 쓴 틱낫한 스님은 항상 깨어있는 마음을 강조한다. 영어로 마인드풀니스mindfulness 사상이다. 과거는 이미 지나갔고 미래는 아직 오지 않았다. 오직 존재하는 것은 현재이니, 우리가 진정으로 살 수 있는 것은 지금 이 순간이다. 그러나 현대인의 마음은 쉽게 머물지 못한다. 우리의 마음이 늘 현재를 떠나 과거나 미래 어딘가를 방황하기 때문이다. 붓다는 "삶이란 오직 지금 이 순간, 즉 현재라는 찰나의 시간 속에서만 존재한다"고 말했다.

틱낫한 스님의 말씀처럼 만족할 줄 모르는 욕망에 쫓겨 삶을 허비하느라 내 가족과 친구들의 소중함을 잊고 살지는 않았는가. 내 자신의 불안한 마음에 힘을 빼앗겨 가까운 이들과 불화를 겪고 있는 것은 아닌가. 바로 지금 이 순간 나는 깨어나야 하며 불화를 극복하고 화합을 추구해야 한다.

마오리족의 격언에 "가장 중요한 것이 무엇인가? 그것은 첫째도 사람, 둘째도 사람, 셋째도 사람이다"라는 말이 있다. 그 사람 중에서도 늘 내 곁에서 힘들거나 지쳐 좌절할 때 존재만으로도 따뜻해지는 사람, 바로 가족이 있다. 그리고 내 못난 모습도 감싸 안아주는 친구가 있다. 모두 소중한 사람들이다. 그런데 사는 데 바빠서 가까우니까 날 잘 이해해 주리라 생각해서 상처를 주었다면 바로 지금이 화합을 도모해야 할 때다. 언제까지 기다려줄 거라고 생각하는 것은 이기적이고 오만한 생각이다.

화합을 꾀하는 것은 생각보다 어렵지 않다. 가까운 사람들에게, 그리고 사랑하는 사람들에게 따뜻한 말 한 마디 전하는 것부터가 시작이다.

## •10•
## 관전자가
## 아닌
## 주인공으로

'나는 내 영혼의 선장이며 내 운명의 주인이다.' 영국의 시인 윌리엄 헨리의 유명한 시, ⟨Invictus(불굴)⟩의 마지막 시구다. 윌리엄 헨리는 12세 때 폐결핵 후유증으로 왼쪽 다리를 잃고, 십수 년 후 오른쪽 다리마저 절단해야 한다는 진단을 받았다. 그러나 그는 끝끝내 수술을 거부하고 3년간 끈질긴 치료와 투병 생활을 했다고 한다. 너무나 살고 싶어서 이 시를 썼다는데, 마침내 질병에서 벗어나 약 30년 가까이를 더 살았다고 한다.

헨리가 다리 한쪽을 살리고자 긴긴 투병을 했던 것만은 아니었을 것이다. 한 다리라도 딛고 세상에 서겠다는 마지막 희망마저 무너진다면 절망의 늪에 빠질 것이라 여겼기 때문이었을 것이다. 그래서 그 희망을 찾기 위해 자기 운명의 주인이 되어 거친 바다를 항해했던 것이리라.

나 역시 이 사회의, 내 인생의 주인공으로 살기 위해 글이라는 희망을 놓지 않았다. 언젠가는 승리의 나팔을 불 날이 올 것을 믿으니 말이다.

오피스텔로 출근한 며칠 뒤부터 출판사 문을 두드리기 시작했다. 신문사 경력을 바탕으로 한 자기소개서, 그리고 내가 쓰고 싶은 책의 주제를 쓴 기획안을 먼저 팩스로 보낸 후 2~3일 뒤 출판사를 직접 찾아갔다. 이제는 내 일을 위해 직접 발 벗고 나서야 했다. 가만히 기다린다고 기회가 다가오지는 않는다.

처음에는 출판사가 환영할 줄 알았다. 적어도 나 정도의 신문사 경력이면 그들이 필자로서 우대할 줄 알았다. 그러나 예상은 완전히 빗나갔다. 그들은 내 기획안에 대해서도, 내 경력에 대해서도 별로 긍정적인 반응이 아니었다. 내가 너무 기대가 앞선 것은 아니었는지, 새삼 이 길도 결코 만만치 않다는 걸 실감했다.

"글쎄, 언론사 경력은 좋으신데 신문과 책의 세계는 다릅니다."

"'성공한 사람의 실패담' 독자들은 제목에서부터 부정적인 단어가 사용되면 좋아하지 않습니다. 성공담도 너무 많아 안 살 판에 실패담을 누가 살까요?"

"굳이 이런 식의 두루뭉술한 기획안을 가지고는 쓰라 말라고 하기 어렵네요. 주제를 더 좁히세요. 선생님만이 쓸 수 있고 할 수 있는 이야기를 발굴해 보세요."

몇 군데를 돌아다녀도 같은 소리였다. 평소 아는 출판사를 찾아가도 마찬가지였다. 나 같은 언론인 출신이거나 교수 출신 중 책을 쓰겠다는 사람은 그 시장에 철철 넘쳐흘렀다. 문제는 어떤 주제를 어떻게 써서 독자에 먹힐 수 있게 하느냐는 점이었다.

어느 출판사 사장은 희한한 제의를 해왔다. 어차피 책을 써서 먹고살려면 철저한 프로 정신으로 무장하고 혹독한 체험을 해야 한다는 것이다. 말이야 틀린 게 아니지만 마치 사회 초년병에게 하는 말투였다. 그런데 그 다음 말이 가관이라 쓴웃음만 나왔다.

"선생님, 제 밑에서 일해보지 않겠습니까? 선생님의 노력 여하에 따라 베스트셀러가 보장될 수 있습니다. 제가 현재 만드는 책들이 있습니다. 저를 도와주십시오. 원고지 장당 500원씩 드리겠습니다. 우선 그렇게 시작하시죠?"

도대체 이게 무슨 말인가? 장당 500원이면 100장을 써야 5만원, 1,000장을 써야 50만 원, 1만 장을 써야 500만 원을 벌 수 있다는 계산이다. 1만 장이면 웬만한 단행본 10권 분량인데, 거저먹겠다는 심보에다 이런 노동력 착취가 어디 있느냐 말이다. 나는 대꾸할 필요성도 느끼지 못했다.

며칠간의 출판사 나들이 속에서 나는 철저히 을乙의 입장이 됐음을 실감했다. 어쩌면 나는 내심 을의 체험을 갈구해 왔는지도 모른다. 인생은 한 번 뿐  희로애락을 겪으면서 인간은 성장하고 발전하거나 퇴보하고 좌절한다. 사회에서 사람의 위치는 크게 두 가지로 대별할 수 있다. 계약서 상으로 '갑甲'의 입장과 '을乙'의 입장, 갑은 주도적으로 요구하고 권리를 주장할 수 있고, 을은 이행하고 의무를 져야 하는 입장이다. 기업에서 경영주가 갑의 입장이라면 종업원은 을의 입장이다.

신문기자는 바깥에 나가면 대접받는 직업이다. 적어도 내가 다닐 때만 해도 그랬다. 여론을 주도하는 이들이기 때문에 직위가 높고 유명세가 많은 사람이나 조직일수록 기자들에게 더 신경을 쓴다. 그들의 보도 내용 한 줄이 엄청난 영향력을 갖고 있기 때문이다.

기자는 갑과 을의 관계에서 갑의 위치에 있는 경우가 많다. 물론 한 줄의 진실을 캐내기 위해 취재원을 설득하고 감동시켜야 하는 을의 입장에 서는 적도 있다. 그러나 기자를 만나려고 하는 사람들은 대개 아쉬운 을의 입장이다.

기자들은 초년 시절부터 출입처의 장長, 즉 장관이나 청장, 사장 등 고위직 인사들을 상대한다. 신참기자 때 법조 출입을 한 나는 법무장관, 검찰총장, 법원장, 검사장 등 내로라하는 법조계 인사들을 수시로 만났다. 그러다보니 가끔 착각에 빠지는 경우가 생긴다. 자신을 그들과 동일시시키는 착시錯視 현상이다. 함께 회식을 해도 자리에 대한 개념이 없다 보니 무심코 상석에 앉는 경우도 많다. 상대방은 그런 모습을 보고 건방지게 생각할 수 있다. 과거에는 정보가 차단된 사회라 기자들에게 취재 뒷얘기나 정보가 많았다. 그래서 새파랗게 젊은 기자가 좌중을 주도해 나가고, 나이 지긋한 간부들이 이야기를 경청하는 경우도 많았다.

기자는 권력과 싸우는 직업이다. 권력을 감시하고 견제하고 비판해야 하는 직업이다. 창과 방패 중에서 창과 같은 역할이다. 권력과 싸우려면 강기剛氣나 패기가 있어야 한다. 그래서 신문사에서는 초년병 시절부터 기자에게 거친 세상에서 살아가는 법을 가르친다. 고관대작과 맞서려면 배포가 두둑하고 임기응변이 능해야 된다는 것으로, 옳은 말이긴 하다.

기자 2년차 시절인가, 당시 '하늘에 나는 새도 떨어뜨린다'는 소리를 들을 정도로 막강한 권한을 갖고 있는 대검 중앙수사부장에게 무안을 준 일도 있었다. 신임 중수부장이 출입 기자들에게 식사를 대접하는 자리에서 나는 그가 한 손으로 술을 따랐다는 이유로 받기를 거부하고 다시 따르게 했다. 권력과 맞서는 기자들이 상대방에게 말랑말랑하게 보여선 안 된다는 의도에서였지만 지금 생각하면 낯 뜨거운 일이다. 기자 이전에 인간이어야 하고, 장유유서가 엄연히 살아있는 당시 풍토에 내 태도가 '모범'일 수 없기 때문이다.

언제부터인가 나는 갑이 되어가는 내 자신이 마뜩찮게 보였다. 갑은 안주하고 기득권 세력같이 될 수 있다. 내 주위의 동료 기자들을 보면 을처럼 겸손하고 그런 의식 하에서 생각하고 행동하는 이들이 많다. 그러나 나는 갑처럼 굴었다. 이제 나는 어떤 의미로도 기득권 세력도 아니고, 아직 경험해야 할 일도 많고 나이도 한창이므로 안주하면 안 된다. 그렇다면 나는 갑의 의식에서 벗어나야 한다.

다른 각도에서 나는 신문기자로서의 회의를 느끼기 시작했다. 어찌 보면 글쟁이로서 본질적인 회의일 수 있다. 신문기자는 취재를 통해 많은 사람들의 스토리를 접한다. 나도 살인자, 조폭 두목, 반란군 수괴에서부터 예술가, 스포츠인, 일국의 대통령, 수상首相에 이르기까지 각계각층의 수많은 사람들을 만나고 그들의 이야기를 전했다. 기자들은 풍부한 지식과 남다른 이야깃거리를 갖고 있다. 그러나 기자의 지식은 어디까지나 간접 경험에서 나온 것이며 남이 겪은 이야기를 듣고 만든 것이다. 즉, 기자의 직접 체험에서 나온 것이 아니다.

프로골퍼 최경주의 이야기를 예로 들자. 그는 한 신문과의 인터뷰에서 자신의 미국 PGA투어 데뷔 시절 이야기를 들려주었다. '탱크'란 별명의 그도 회를 거듭할수록 다리가 후들후들 떨려 걷기도 힘들었고, 자기도 모르게 저절로 하나님이란 소리가 나왔다고 한다. 그때 기사를 간단히 요약해 본다.

> 상황은 최경주에게 불리하게 돌아갔다. 150명 중 35등 안에 들어야 PGA투어로 향하는 티켓을 딸 수 있었다. 마지막 날 전까지 최경주의 성적은 48위였다. 그는 불안한 마음에 아내와 가까운 한인교회를 찾았다. 순위권에 들기 위해 반드시 4언더파(-4타)를 쳐야 했던 그는 "4언더를 치게 해주십시오"라고 기도하지 않았다. 오히려 "타수를 생각하기보다 마음을 비우고 치게 해주십시오!"라고 기도했다.
> 이튿날 그는 마지막 홀에서 3미터 퍼팅을 남겨 놓았다. 공이 들어가면 '4언더'였다. 덜덜 떨리는 손으로 퍼팅을 하려던 찰나, 최경주는 전날의 기도를 떠올렸다. 그때 거짓말처럼 떨리던 손이 멈추며 긴장이 풀렸다. 퍼팅은 완벽하게 성공해 그는 'PGA 티켓'을 거머쥐었다. 후에 그는 다음과 같이 말했다.
> "그 퍼팅이 안 들어갔으면 '지금의 최경주'는 없습니다."
>
> [〈중앙일보〉, 2008.12.18일자 요약]

물론 기사를 쓴 기자는 이런 처절한 경험을 해보지 않았다. 단지 듣고 이해했을 뿐이다. 최경주는 한국 남성으로서는 누구도 도전하지 못한 미국 PGA 경기에서 승리의 역사를 만들었다. 그때 그가 느꼈을 환희와 감격 역시 기자는 경험해 보지 못했다. 단지 대리 경험을 통해 유추·해석했을 뿐이다.

프로야구 김응룡 감독의 스토리도 그렇다. 한국 제일의 호랑이 감독이라도 엄청난 스트레스와 갈등 속에 야구 시즌을 보냈다. 완벽하게 준비했다고 생각했는데 자기 팀의 어이없는 실수 하나로 패하는 날도 있었다. 다 이겨 놓은 경기를 단 한방으로 역전패하기도 했다. 이처럼 인력으로 어떻게 할 수 없는 별별 일들을 겪으면서 수많은 날들을 불면으로 지새우고 분노와 좌절의 시간을 보낸 것이다. 그러나 그것을 극복하기 위해 절치부심했고, 그런 역경을 딛고 결국 코리안 시리즈를 제패하는 영광을 누렸다.

나는 언제부터인가 그들의 처절한 삶을 보면서, 그들의 진정한 삶에 대한 불굴의 자세에 경의를 표했다. 그러면서 마음 한구석에서 나 역시 그런 절박한 경험을 해보고 싶다는 생각이 들었다.

젊었을 적에는 느끼지 못했는데 나는 어느새 남의 스토리를 갖고 먹고 사는 데 익숙한 사람이 됐다. 그들처럼 절박한 삶을 살아보지도 않은 채 항상 '관전자watcher'로서 충고하고 분석하는 삶을 사는 것이다. 자칫 방관자가 될 수 있었고 그저 인생의 논평자 commentator로 끝날 수도 있다. 당사자들에게는 생과 사가 걸린 일이지만 내게는 그저 분석의 대상에 불과했다. 기자인 나에게는 특종이냐 아니냐, 정확한 보도냐 오보냐가 문제될 뿐이다.

나는 기자, 그것도 신문기자가 된 것을 내 인생의 탁월한 몇 가지 선택 중 하나로 생각한다. 그리고 신문기자로 활동하면서 경험한 것들과 이를 통해 알게 된 사람들을 매우 값지게 생각한다. 내가 기자가 된 결정적인 동기는 내 아버지께서 언론인으로 계시다 젊은 시절에 유명을 달리 하셨기 때문이다. 아버지는 당신이 대학 졸업하던 1950년에 한국전쟁이 나자 종군기자로 참전했다. 종전 후 국방부 출입 기자를 했다.

주변 분들의 회고에 따르면 아버지는 기사도 잘 쓰고 선 굵은 성격에 호탕한 행동으로 당시 소장 기자들 사이에 리더로 통했다고 한다. 어느 신문사에서 회장을 지낸 분도 훗날 "당시 나는 그분을 형님으로 모시고 용돈을 받아 쓴 적이 있다"고 회고했다.

그러나 아버지는 불과 만 30세이던 1957년, 불의의 사고로 타계하고 말았다. 그때 나는 태어난 지 1년 3개월에 불과했다. 그래서 나는 아버지에 대한 기억이 전혀 없다. 사진으로 아버지를 인식할 뿐이다. 성장하면서 나는 마음속으로 아버지를 '롤모델role model' 삼았다. '아버지처럼 돼야지' 하는 생각이 강했고, 그래서 결국 기자를 택했다. 그런 만큼 나는 기자에 대한 자부심, 소명 의식이 강했다. 기자 생활을 하면서 능력이 부족해 힘은 들었지만 참으로 값지고 충만한 시간들이었다.

그런 나에게도 기자직이 일생동안 가져야 할 유일한 직업이 아닐 수도 있다는 의문이 엄습하기 시작했다. 이 의문은 결코 허황된 욕심에 사로잡히거나, 피곤한 현실을 도피하기 위함이 아니었다. 나의 가족사, 직업관, 인간관계를 뛰어넘어 보다 본질적인 물음에서 출발한 것이었다.

'인생은 한 번뿐이다. 지금 너는 네 자신이나 인생에 만족하는가?'

'이제 후반기 인생이다. 너는 어떻게 살아가려고 하는가?'

이런 물음에 대한 답변을 생각해 볼 때 나는 숙연하지 않을 수 없었다. 기자라는 직업에 자부심을 느낀 것은 사실이지만 자기 점검이 필요한 시점에 있는 것도 사실이었다. 나는 다른 기자들보다 인격적으로 부족하다는 자기반성과 남을 취재하는 것보다 몸소 내 인생에 '직접 체험'을 하고 싶은 욕구가 내 안에 가득 차 있었다.

물론 기자란 직업은 신성하다. 권력과 거악巨惡에 맞서 정의를 구현하고, 올바른 여론을 주도하는 직업이다. 하지만 고생이 이만저만이 아니다. 야근을 밥 먹듯 하고 스트레스가 보통이 아니라 건강을 해친다. 그렇다고 대우나 보상이 괜찮은 편도 아니다. 학교 교사나 교수, 군인이나 공무원을 하면 연금 혜택을 받지만 그런 것도 없다. 고위 공무원이나 대기업 간부라면 퇴직 후 관련 기관이나 기업에 몸담을 기회가 많지만 신문사는 그런 기회가 거의 없다. 그런데도 신문기자들은 밤을 새우고 열심히 취재한다. 기자로서 본분을 다하기 위해서 말이다.

문제는 내가 신성한 기자 정신을 가지고 있는가에 자신이 없어졌다는 데 있었다. 나는 이미 갑으로 살고 있으면서 자기계발이나 노력은 등한시했다. 사회를 깜짝 놀라게 할 좋은 책을 써 저널리스트로서 멋진 꿈을 실현해 보자고도 생각했지만 다람쥐 쳇바퀴 도는 듯한 일상과 눈코 뜰 새 없이 바쁜 시간 속에서 자신을 돌아보지도 못하고 그저 나를 현실에 묶어두었다. 기자로서의 자기점검에서 하위 점수를 기록할 판이었다. 더구나 회의는 들지만 개선의 행동은 보이지 않았다.

한두 달 전인가. 우연히 읽은 재미동포 스토리가 내 가슴을 울렸다. 그는 국내 명문대를 나와 일찍이 미국으로 건너간 이민 1세대였다. 온갖 고생을 한 덕분에 결국 시가 수백만 달러 상당의 슈퍼마켓을 운영하게 됐다. 그런데 운명의 신은 승승장구하던 그의 사업을 삽시간에 파산시켜 버렸다. 가게도, 집도, 세간도 모두 은행으로 넘어가고 가족들은 집도 없이 뿔뿔이 흩어졌다. 그도 빚 독촉에 시달려 고물차 속에서 숙식을 해결하며 도망 다녔다. 그러던 어느 날 도저히 비극의 무게를 감당할 수 없어 자살을 결심했다. 다량의 수면제를 구입해 차 안에서 먹고 일생을 끝내려는 순간, 그의 내면에서 사랑하는 가족과 하나님이 떠올랐다.

'이렇게 인생을 끝내면 하늘나라에서도 괴로울 텐데, 지금 내가 겪는 불행이 영원한 불행을 가져올 그 무게보다 더 큰 것일까'

거기서 그는 깨달음을 얻고 다시 사회로 나와 결국 몇 년 뒤 재기해 과거보다 훨씬 더 성공한 사업가가 됐다는 이야기다.

나는 그 이야기를 읽고 더 이상 이대로 살아서는 안 된다며 나를 곧추세웠다. 한 번뿐인 삶, 내가 진정 원하는 삶을 원 없이 살아봐야 하지 않겠냐는 생각이 들었다. 이제껏 붙잡고 있던 갑으로 산 인생에서 과감히 벗어나야 한다는 울림이 강해졌다. 기자로서 자기점검을 하는 관전자가 아닌, 삶을 처절하게 느끼더라도 주인공으로 살아보고 싶은 욕구에 손을 들어주기로 했다. 그러자면 갑으로서 겸손하지 못했던 그간의 나의 문제를 깨우치는 일이 절실했다. 제대로 된 사람, 인격적으로 완성된 사람으로 살아가는 것이 이제부터 내가 살아가는 목적이 돼야 한다고 굳게 결심했다.

그리하여 나는 광야로 나서게 됐다. 이제 조금씩 내가 가야하는 길의 실체를 알게 됐고, 내 발걸음은 출구로 나아가고 있었다. 더 이상 관전자가 아닌 주인공으로 살겠다는 나의 도전은 여전히 진행형이다. 나를 벼랑 끝으로 내몰고 처절함을 느끼는 것도 이제 더 이상 두려워하지 않으려 한다.

내 삶의 행복과 불행은 내가 현실을 어떻게 받아들이느냐에 달려 있음을 깨닫고 있다. 그것은 남에 의해서가 아니라 내 의지로 이루는 것이다. 《대학大學》에서 '마음에 있지 않으면 보아도 보이지 않고, 들어도 들리지 않고, 먹어도 그 맛을 모른다. 이리하여 몸을 닦는 것은 마음을 바로잡는 데 있다'고 했듯이 내 자신과의 싸움도 멈추지 않을 것이다. 수신修身이야말로 이 광야에서 내가 이루어야 할 과제이니 말이다.

3장

진짜 인생은
마흔부터
시작된다

· 11 ·
생각을 바꾸면
여기가
출발선이다

생각을 바꾸면 참으로 많은 것이 달라진다. 진취적인 생각은 자신뿐만 아니라 세상을 바꾸기도 한다. 미국의 심리학자 윌리엄 제임스의 유명한 어록, '생각을 바꾸면 행동이 바뀌고 행동을 바꾸면 습관이 바뀌고 습관을 바꾸면 성격이 바뀌고 성격을 바꾸면 인격이 바뀌고 인격을 바꾸면 운명이 바뀐다'처럼 생각을 바꾸면 어려울 것이 없다. 그는 또 '우리 세대의 가장 위대한 발견은 마음가짐을 바꿈으로써 그 인생을 바꿀 수 있다는 것이다'라고 했는데, 실로 그는 대단한 통찰력을 가진 심리학자다.

그동안 다른 사람을 위해, 혹은 조직을 위해 열정을 쏟았다면 이제는 자신을 위해 열정을 쏟는 것으로 생각을 바꿔보라. 전에 없던 자신감이 생기고, 생활이 달라진다. '정말 내가 이런 일을 할 수 있었나?' 싶을 만큼 변화가 찾아온 것을 느낄 수 있다.

내 사무실은 24시간 가동 체제다. 사무실 밖을 한 발자국도 나가지 않고 며칠이라도 먹고 자고 씻고 일할 수 있는 전천후 체제로 만들었다. 침식에 필요한 일체가 갖춰져 있다. 사실 처음 사무실을 차렸을 때 내게는 출퇴근이 사치스러웠다. 일반 회사처럼 아침 9시에 출근해 저녁 6시에 퇴근할 경우 점심 한 시간을 제외하고 꼬박 일을 한다고 해도 8시간에 불과하다. 그러나 사무실에서 먹고 잔다면 그 배가 되는 하루 15~16시간 작업도 가능했다.

2년간 어디에도 취직 안 하고 프리랜서 언론인으로, 오로지 글로써 승부해 보겠다고 한 이상 어쩔 수 없다. 배수진을 친 만큼 각오를 단단히 했다.

'손수레를 끌더라도 독립한다.'

하루에도 수없이 세상에 오롯이 서 보겠다는 결연한 의지를 다졌다. 1년 안에 세상을 뒤흔들 대작大作을 만들고 싶다는 마음이 앞서다 보니 처음 계획했던 2년은 길게만 느껴졌다. 사실 마음이 바빴고, 초조했다. 외로움, 불안함, 서러움, 패배감, 좌절감이 내 안팎을 맴돌고 있었고, 이 모든 것을 일거에 뒤집을 9회 말 역전 만루 홈런을 치고 싶다는 강박관념이 나를 지배하고 있었다.

그러나 내 포부와 달리 출판사들은 저마다 고개를 흔들었다. 시작부터 벽에 부딪치는 것은 아닌가 싶었지만 좀 더 숙고의 시간이 필요한 상황임을 깨달았다. 우선 〈월간조선〉과 계약한 '우리 시대 최고들의 실패담' 1편 이문열 스토리 원고를 밤샘 작업을 거쳐 일주일 만에 완성했다.

〈월간조선〉으로부터 원고료로 200만 원 가까이 받았다. 제목은 '함영준 기자의 1등의 실패 연구'로 돋보이게 편집됐다. 과거 인기 연재물이었던 '오효진의 인간탐험' 같이 내 칼럼을 크게 부각시켜 주고 섭외라든가, 외국 출장 등도 알선해 주겠다는 월간조선 측의 고마운 배려였다.

그런데 문제는 작업 시간이었다. 신문사에서 직원으로 일할 때는 몰랐지만 홀로서기를 해야 하는 입장에서 이번 작업은 시간이 많이 걸렸다. 취재와 원고 작성에 꼬박 열흘이 걸렸다. 그렇다고 이 일만으로 생계는 물론 내 꿈을 펼칠 수도 없는 노릇이다. 1년 안에 대작을 써야 한다고 계획했지만 아직 주제도 정하지 못한 상태였다. 마음은 더욱 급해지고 눈앞에 해야 할 일은 산더미 같았다. 성공에 대한 강박관념은 여전히 나를 짓누르고 있었다.

나는 첫 책의 주제를 '한강의 기적'으로 정했다. 여러 사람들과

숙의 끝에 결정했다. 해방 후 지난 60년간 대한민국은 크고 작은 문제점들도 있었지만 세상이 놀랄만한 성공을 이룩했으며 이 과정에는 국민들의 희생과 노력, 그리고 뛰어난 리더십이 있었다. 나는 대한민국의 성공 과정, 성공 요인, 앞으로 가야 할 방향, 그리고 노력해야 할 점들을 마치 영화 보듯 재미있게, 그리고 명쾌하게 분석하고 제시해 주는 책을 쓰고 싶었다.

당시 정권은 "한국 현대사는 불의와 기회주의가 득세한 역사"로 규정하고 지난 60년을 비판하고 폄하하는 작업에 몰두하고 있었다. 서점에는 한국을 비방하고 한국 정부를 미제의 앞잡이니 뭐니 하며 기술한 책들로 꽉 차 있었다. 송건호·강만길·최장집 등이 쓴 《해방 전후사의 인식》이나 이영희의 《전환시대의 논리》 등과 반대선상에 있는 책을 써보고 싶다는 게 내 생각이었다. 그래야 세상은 균형을 이룰 수 있다는 것이 내 지론이기도 했다.

다행히 내 의견에 동조하는 출판인을 만날 수 있었다.

"다만 요구 사항이 있습니다. 원고는 사회면 기사처럼 건조하게, 육하원칙에 입각해 써주세요. 여기에 작가의 의견이나 주관적 감정은 넣지 말아주세요. 그냥 사건을 서술해 주시고 그것을 통해 작가의 뜻을 이해할 수 있도록 해주세요."

한국 현대사가 워낙 논란의 여지가 많기 때문에 이를 피하기 위해 의견opinion은 배제하고, 사실fact 위주의 사건기사 식 서술법을 요구하는 듯했다. 그는 이 책의 성격상 원고 제작 기간을 1년 정도로 예상했으나 내가 반대했다.

"오는 8월까지 원고 완료하고 올 가을에 내도록 합시다."

출판계의 제작 관행도 잘 모르는 가운데 빨리 승부를 보려는 초조한 마음의 발로였다. 사실 이런 책의 경우 주제, 소주제, 목차, 전개방식 등 사전 기획을 하는 데도 상당한 시간이 소요되는 법이다. 그럼에도 온전히 이 책 작업에 몰입을 하면 1년까지 걸리지 않을 거라 예상했다.

나는 지난 60년간 괄목할만한 사건 30여 건과 한국인의 장점 20여 건 등을 대략 선별해 놓고 바로 작업에 들어갔다. 한 꼭지당 원고지 30매 내외로 약 40꼭지로 책을 구성한다는 계획이었다. 책을 만들려면 자료 수집을 해줄 보조가 필요한데, 한 푼이라도 절약해야 할 입장이라 친정인 신문사 후배의 도움을 받기로 했다.

매일 아침 6시 정도에 일어났다. 7시쯤 출발하면 사무실까지 승용차로는 30분, 지하철로는 한 시간 거리다. 나는 대부분 지하철을 이용했는데, 그만큼 운동도 되고 신문을 볼 수 있는 여유도 생겼다. 아침 8시쯤 텅 빈 사무실에 도착하면 바로 일을 시작했다. 평생 와자지껄한 사무실에서 서로 떠들며 농담하며 지내던 생활과는 판이한 상황이다.

'갈 길은 멀다. 해야 할 일은 많고 시간은 없다.'

나는 오전 내내 책에 필요한 자료를 찾고, 읽어 보면서 구성안을 만들었다. 일하다 보면 어느새 12시가 훌쩍 넘을 때가 많았다. 주로 사무실에서 점심을 해 먹었는데, 바깥 직장인들이 왁자지껄한 식당에서 나 혼자 쓸쓸히 먹는 것이 그때는 부담스러웠다. 더구나 주변에는 언론사가 몰려 있어 아는 사람도 많았다. 그들에게 초라하게 보이고 싶지 않았다.

나는 미국에서도 1년간 혼자 지낸 적이 있었는데, 그때 밥을 해 먹는 습관이 들어 음식을 곧잘 한다. 냉장고에는 라면, 냉면, 자장면, 스파게티 같은 인스턴트 식품과 쌀, 빵, 고기, 과일, 밑반찬 등이 준비돼 있었다. 그날 입맛대로 만들면 되고, 가끔씩 와인 한 잔을 곁들일 때도 있었다.

한번은 혼자 밥을 해 먹기가 귀찮아 오후 1시 넘어 낙원동 주변 간이식당에 들어섰다. 주인 얼굴을 보니 기자 시절 잘 가던 인사동 맥줏집 주인이었다. 그녀도 날 보고 놀란다.

"이 시각에 왜 여기서 점심을…."

"응, 사람 좀 돼 보려고…."

내 답에 그녀가 고개를 갸우뚱한다. 사실 무심코 나온 말이었는데, 내 처지와 심경의 정곡을 찌른 말이었다. 말이란 게 무의식의 발로가 아니겠는가.

점심을 먹고 나면 소화도 시키고 잠시 숨을 돌릴 겸 산책을 하곤 했다. 이미 1시가 넘어 직장인들은 사무실로 들어간 뒤라 주위를 신경 쓰지 않고 편안하게 산책을 즐길 수 있어 좋았다. 나는 조용한 보도 위를 걸으면서 상념에 젖었다. 워낙 생각이 많기도 하지만 상황이 상황인지라 상념에 젖는 시간이 많았다.

이런 저런 생각에 빠지다 보면 미래에 대한 극심한 불안이 몰려오고, 숨이 턱턱 막히기도 했다. 이미 상황은 여러 가지로 변했지만 한 집안의 가장인 것은 여전히 변함이 없었다. 그리고 보기 좋게 직장을 박차고 나온 터라 미래의 내 모습에 대해서도 불안하지 않을 수 없었다.

'과연 책으로 성공할 수 있을까?' 구름같이 몰려든 생각에 잠겼다가 '일어나지 않는 일에 대해 신경 쓰지 말고 현재에 충실하자'고 애써 스스로에게 명령을 내렸다.

오후 2시쯤 다시 일을 시작하면 금방 저녁 무렵이 된다. 하루 종일 전화 한 통 걸려오지 않고, 말 한마디 안 하고 지낼 때가 다반사다 보니 입에서 단내가 났다. 평생 떠들고 부산하게 사건 현장을 뛰던 삶과 정반대인 마치 수도승 같은 생활을 하고 있었다. 나와 이해관계가 있던 사람들과 반절연 상태로 살아가고 있었다. 누군가 "당신은 금방 잊힐 거야"라고 말했는데, '그래, 잊혀져도 좋으니 사람이 되자'는 각오로 일종의 수련을 하고 있는 셈이었다.

그렇게 사람과의 만남을 좋아하던 내가 이제는 철저히 은둔자 생활을 하고 있다. 나의 변신도 놀랍지만, 마음의 동요가 없는 것도 놀라울 따름이다. 그럼에도 내가 선택한 길이고, 여기서 흔들리면 안 된다고 스스로를 채찍질했다. 뒤돌아보면 벼랑밖에 없다는 마음가짐으로 버텼다. 이런 배수의 진 전략 때문인지 나는 사람도 안 만나고, 그 좋아하는 술도 안 하고, 오로지 책상에 앉아 글 쓰고 책 쓰는 일에만 전념하게 됐다.

오후 7시가 넘으면 선택을 해야 한다. 집으로 갈 것인지, 아니면 오늘 여기 남아 밤샘을 할 것인지. 밤샘을 택한다면 적어도 6~7시간의 노동 시간을 더 벌 수 있다. 그렇게 된다면 내가 목표로 하는 책 출간일도 그만큼 앞당겨진다. 나는 집에 전화를 걸었다.

"여보, 나 오늘 여기서 일해야겠어."

저녁은 대개 근처 식당에서 먹었다. 아는 사람도 없고 북적대지도 않아 좋았다. 저녁 식사 후에도 소화시킬 겸 주변을 걸었다. 조계사 뒤로 해서 안국동 길이 단골 코스다. 산책은 나에게 있어서 깊은 사색의 시간이었다.

'남의 도움을 기대하지 말자. 참 묘한 일은 도와줄 것이라고 예상되던 사람들은 뒷전인데, 오히려 뜻하지 않은 이가 도움을 준다는 것이다. 그렇다고 쓸데없이 누가 도와주는지 여부에 감정적 에너지를 낭비할 필요가 없다. 그저 작은 일에도 감사하고 긍정적으로 생각하자. 말을 적게 하자. 사람들을 만나면 자꾸 넋두리나 변명조로 얘기하는 버릇이 있다. 나를 수련하고 있는 중이므로 당분간 사람들을 만나지 말고 되도록 전화도 하지 말자. 사람을 만나면 여유와 유머로 분위기를 화기애애하게 만들어야 서로 유쾌한 법, 지금은 심정적으로 그럴 여유가 없지 않느냐. 그러니 말을 줄이자. 남에게 아쉬운 모습 보이지 말고, 당당하게 행동하자. 풀 죽은 목소리로 부탁하면 상대방은 동정보다 짜증이나 어두운 생각을 갖게 된다. "그 친구마저도"라는 실망감을 상대방에게 주지는 말자. 그것은 결코 내게 유리하지 않다. 부탁도 아예 하지 않으려고 한다. 부득이 해야 된다면 최종 순간에 하자.'

사무실에 돌아오면 저녁 8시가 조금 넘는다. 마음을 가다듬고 다시 작업에 들어가면 보통 새벽 1~2시에 잠자리에 들게 된다. 퇴근했을 때보다 꼬박 5~6시간을 더 일하는 셈이다. 처음에는 오피스텔에서 잠자기가 다소 불편했다. 건물이 완공된 지 얼마 안 되서 실내 화학제품 냄새가 장난이 아니었다. 엄동설한이라 문을 조금만 열어놓고 잘 수밖에 없었는데, 일어나면 머리가 띵했다. 입주도 거의 안 된 상태라 큰 빌딩에서 밤샘은 적막강산 그대로였다.

 아침 6시가 되면 눈을 뜨고 주섬주섬 일어나 운동복 차림에 근처 초등학교 운동장에 가서 간단한 운동을 했다. 승용차를 가져온 날에는 삼청공원까지 가서 한 바퀴를 돌며 산책을 하곤 했다. 일주일에 3~4일은 근처 헬스클럽에서 운동을 했다. 대개 오후 5~7시경, 저녁 약속을 하기 전 시간이다. 건강을 생각해서 운동을 게을리하지 않았다.

 불과 몇 달 전까지만 해도 지금의 내 생활을 상상도 하지 못했다. 내가 비록 오피스텔이지만 골방에 갇혀 세상과 은폐된 채 글을 쓰고 있을 줄 누가 알았겠는가. 아직은 '이거다!'라고 말할 수는 없지만 묘한 즐거움이 있었다. 내가 꿈꿔 왔던 일을 한다는 사실만으로도 행복한 기분이 들었다. 아직 넘어야 할 산이 많고, 불안감은 조그만 틈도 비집고 들어오려 기웃거리지만 나는 여기가 출발선이라는 것을 알고 있었다. 내 인생의 최고의 날을 만들어 줄 출발선!

 불확실한 미래에 대한 불안감은 시작을 더디게 한다. 젊다면야 실패를 하더라도 다시 시작하면 되지만, 40대에 접어들었다면 실패를 아무렇지 않게 받아들일 상황이 아니니 주저하는 일이 많아진다. 그러나 뒤돌아보고 망설여본들 벼랑 끝에 서 있는 것과 다름없으니 생각의 전환만이 살 길이다.

"길이 너무 실없이 끝나버린다고 허탈해 할 필요는 없어. 방향만 바꾸면 여기가 또 출발이잖아."

영화 〈가을로〉에 나온 대사처럼 막다른 곳이야말로 출발선이라고 마음의 방향을 바꾼다면 실패를 두려워할 이유가 없다.

## •12•
## 지친 삶을
## 위로해 주는
## 파랑새는 가족이다

"우리 만남은 우연이 아니야~" 〈만남〉의 노래 가사처럼 많은 만남 중에서도 결코 우연일 수 없는 것이 바로 가족이라는 운명! 세상이 날 외면하고 모두가 적이 될 때도 날 지지하고 품어줄 곳은 가족밖에 없다. 그래서 가족은 내 인생 최고의 만남이며 내가 살아가는 이유가 된다.

"집안에서는 늘 화목하게 지내라! 화목하면 자연히 즐거움이 따라온다. 다른 사람의 즐거운 일은 함께 즐거워하라! 그리고 역경에 빠지더라도 양심과 도의를 힘으로 삼고 결코 낙망하지 말라!

잘못을 저지르는 사람이 있거든 반드시 부드러운 말로 타일러라. 현재 자기에게 주어진 환경을 늘 고맙게 생각하며 결코 세상이나 남을 원망하지 말라."

프랑스 철학자 알랭의 말처럼 화목한 가정을 만드는 것은 사랑하는 마음만으로도 충분하다. 그런데 가족은 늘 곁에 있는 존재라 그 고마움을 잊고 살 때가 많다. 간혹 내가 아프기라도 하면 그제야 가족의 소중함을 느끼게 된다. 나의 아픔과 고통을 가족이 함께 해주기 때문이다. 내가 좌절을 견디고 외롭지 않도록 한 몸이 되어주는 가족, 진정 살아가는 데 즐거움을 주는 최고의 만남이 아닐 수 없다.

프리랜서 생활을 하면서부터 저녁 시간이 자유로웠다. 전에는 수첩에 빼곡히 잡혀 있던 저녁 일정이 이제는 텅 비었다. 직장생활을 할 때는 시간만 생기면 친구들에게 전화해 한잔 하곤 했는데 이제는 친구들에게도 먼저 연락하지 않았다. 그들이 피한다기보다 우선 내가 만나고 싶지 않았다. 친구들과 한가롭게 주거니 받거니 하기에는 내가 해야 할 일이 많았다. 술자리가 없으니 당연히 술도 줄어들었다. 그저 사무실에서 저녁에 반주 격으로 와인이나 맥주 한 잔 홀짝거리는 수준이다.

밤샘을 하지 않고 바로 집으로 퇴근할 경우에는 대략 저녁 7~8시에 사무실을 나온다. 저녁 약속이 있거나 운동을 할 경우에는 이보다 한두 시간 먼저 나올 때도 있었다. 퇴근할 때는 대충 저녁을 먹고 들어갔다. 사무실에서 집까지는 대략 50분 정도 걸리는데 거의 지하철을 이용했다.

매일 고시공부 하듯 일에 몰두하고 나올 때는 내 자신이 대견하게 느껴졌다. 학창 시절에도 이처럼 진득하게 책상에 앉아본 적이 없었다. 기자 생활 때는 종일 현장과 기자실, 신문사를 오가며 부산을 떨었다. 그런 내가 나이 50이 다 되어 마치 대입 수험생이나 고시 준비생처럼 꼬박 자리에 앉아 책상머리를 지키고 있으니 엄청난 변화다. 아마도 학교 다닐 때 이런 식으로 공부했다면 고시 합격을 했을 거라는 생각도 들었다.

집으로 오는 지하철 내에서 간혹 과거 회사 동료들이나 아는 사람을 우연히 보게 될 때가 있었다. 나는 그쪽을 바라보는데 그쪽은 내게 눈길을 주지 않았다. 얼마 전까지는 그들에게 외면당했을 때 속상했는데 이제는 무덤덤하다. 그들 보기에는 내 처지가 처량하게 보일 것인데, 괜히 서로 객쩍은 소리 해봐야 쓸쓸함만 남을 것이다. 그들의 외면을 그런 식으로 해석하고 싶었다.

보통 저녁 8~9시면 집에 도착한다. 아내는 텔레비전을 보고 있는데, 가끔은 대학 1학년생 아들, 중3 딸이 함께 있을 때도 있다. 아이들은 홍콩에서 함께 살던 4년 반을 제외하고는 아빠가 이렇게 이른 시간에 집에 들어온 모습을 본 적이 없다. 우리는 함께 텔레비전을 보는데, 역시 과거 그 시간대에 집에서 가족들과 텔레비전을 본 기억이 별로 없다.

우리 가족은 드라마를 보며 울고 웃었다. 드라마에 익숙지 않던 나는 처음에는 덤덤하게 보다가 어느덧 아이들과 똑같이 깔깔거리거나 마음을 조이곤 했다. 어느새 우리 가족은 드라마를 보면서 일체감을 느꼈다. 한창 인기 드라마였던 〈내 이름은 김삼순〉을 보면서 가족들과 자연스럽게 교감을 했고 화해했다.

나는 사실 웃음이 많은 편이 아니다. 그보다 신경질과 짜증, 불만이 많은 편이었다. 주위 분위기를 밝게 만드는 유머 감각도 없었다. 그런데 직장을 그만둔 이후 텔레비전 드라마를 보며 내가 웃고 있는 것이 아닌가. 이럴 때면 대한민국 아줌마들의 심정을 조금이나마 이해한다고 할까. 어쩌면 나는 웃을 일이 없어서 웃고 있는 것인지 모르겠다. 그렇게라도 웃어야 세상을 살아갈 수 있다는 절박감이랄까. 그런 점에서 텔레비전 드라마가 나에겐 큰 역할을 한 셈이다.

돌이켜보니 정말 난 웃음이 없는 사람이었다. 소위 잘나가던 시절, 안정적이던 시절에도 웃음은커녕 행복하다고 느낀 적도 거의 없었다. 삶에 욕망이 많은 만큼 불만도 많았다. 그러니 웃을 일도 없었고 행복도 느낄 여유가 없었다. 그런 안온한 시절로부터 단절을 고하면서 나는 행복해지려고 노력하기 시작했다. 어찌 보면 참

아이러니한 일이지만 즐거워지려고 시도하는 것은 긍정적인 변화다. 가족과 함께 하는 시간이 많아지다 보니 삶을 대하는 태도가 서서히 부정에서 긍정으로 바뀌고 있었다.

아이들과 함께 드라마를 보며 깔깔거리다 보면 내 마음속 시름은 잠시 먼발치로 옮겨간다. 웃음의 여운이라고 할까, 연속성이라고 할까, 의식적으로 웃다 보면 마음도 좀 가벼워지고 시원해지는 느낌을 받았다. 웃음은 기쁨을 끌어당기고 부정한 것을 내쫓으며 병을 기적적으로 치유한다고 했다. 웃음 앞에 불치병이 없으며 웃음이 곧 최고의 명약이었다.

언젠가부터 문득문득 사유思惟를 중단할 수 있는 여유가 생겼다. 드라마를 보면서도 나는 자꾸 지금의 내 모습이 한심한 것은 아닌지 생각의 늪에 빠져들었다. 하지만 그럴 때면 아이들 웃는 소리에 나도 모르게 함께 또 깔깔거리고 있었다.

내가 회사를 그만둔 후 가족들은 나를 조심스럽게 대했다. 사실 결혼 생활 내내 가정에 어려운 일이나 긴장 없이 모든 것이 대체로 순탄했다. 아이들은 걱정 없이 잘 컸고, 가장인 나도 그런대로 회사에서 잘나가고 있었고, 아내는 살림살이며 자녀교육을 잘 해냈다.

그런데 어느 날 가장이 직장에 사표를 던진 후 모두들 긴장하기 시작했다. 미래의 불확실성을 실감한 것이다. 그럼에도 아내는 불안한 남편에 대해 현명하게 대처했다. 내가 연초 사표를 들고 회사로 향하던 시간, 문자메시지 하나가 도착했다.

'무슨 일이라도 당신 결정에 우리는 따르겠습니다.'

아내로서는 나의 선택을 전혀 원치 않았겠지만 나에게 위축되지 말고 힘내라며 그런 문자메시지를 보낸 것이다. 나는 눈물이 왈칵 쏟아질 뻔했다. 그렇다. 나는 결코 좋은 남편은 못되었지만 내 아내는 나를 내조하며 묵묵히 할 일을 다 했다. 지난 20년을 살아오면서 내게 불만을 품은 적이 왜 없었겠는가. 그럼에도 불구하고 아내는 자기 소임에 충실했고, 내가 해준 것보다 훨씬 많은 사랑과 배려를 내게 쏟아준 고마운 이였다.

퇴사 이후 아내는 간혹 불만을 피력하긴 했지만 그것이 전부였다. 스스로 마음속에 있는 여러 불만과 불안을 조용히 새기고 있을 뿐이었다. 어느 날 아내는 조심스레 말했다.

"나도 뭔가 해야겠어. 당신이 주는 돈(월 300만 원)으로는 도저히 생활 유지가 안 되니, 작은 가게라도 하면서 돈을 벌어야겠어."

대학교에 들어간 아들은 돈을 많이 쓸 시기인데도 아빠에게 손을 벌리지 않았다. 장남이라고 집안 상황을 어느 정도 파악한 모양이었다. 학비는 아니더라도 용돈은 제 손으로 벌어 쓰겠다는 생각인지 아르바이트를 열심히 했다. 중3 딸도 마찬가지였다. 그 나이 또래면 대부분 이미 휴대폰을 갖고 있을 텐데 사달라는 소리도

하지 않았다. 유행하는 멋진 액세서리, 가방, 구두, 옷차림을 원할 텐데도 엄마에게 조르는 일이 없었다.

우리 가정은 각자 나름의 위기에 대처하고 있었다. 두 아이는 생애 처음으로 집안이 경제적으로 어려울 수도, 앞으로 더 안 좋은 일도 생길 수 있다는 사실을 깨달은 것이다. 그런데도 동요하지 않고 제 할 일을 해주니 나로서는 그저 미안하고, 고마울 따름이었다.

그 즈음에 나는 지휘자 정명훈 씨와 만나게 됐다. 연재물 '1등의 실패 연구'의 다음 대상자로 지휘자 정명훈 씨를 택한 것이다. 서울시립교향악단을 이끄는 정씨는 세계적인 지휘자다. 누나 정명화 씨(첼리스트), 정경화 씨(바이올리니스트)와 '정 트리오'로도 활동하는 우리나라 명문 음악 가정이었다.

2005년, 정씨와 3박 4일간 일본 여행을 함께 했다. 여행 기간 동안 그의 가족에 대해 새로운 사실을 터득했다. 정씨의 아내와 자식들에 대한 열렬한 사랑은 대단했다. 그는 스스럼없이 자신의 가족에 대해 '기적'이란 표현을 썼다. 아내에 대한 찬사가 끝이 없었다. 만약 이런 이야기를 미국의 클린턴 전 대통령이 했다면 낯간지러웠을 텐데 정씨에게선 진실성이 느껴졌다.

이야기를 듣다보면 내가 위대한 음악가를 만나는 것이 아니라 '장한 아버지상賞' 내지는 '장한 남편상賞'을 수상한 가장과 이야기를 나누는 것이 아닌가 하는 착각이 들 정도였다. 그는 슬하에 진·선·민이란 아들 삼 형제를 두고 있다. 그는 요리하는 것을 좋아해서 요리책도 냈다. 주로 서양요리로 샐러드, 스프, 파스타를 소개했다. 자신과 자신의 아내, 그리고 세 아들과 그들의 반려자와 함께 할 식탁을 꿈꾸며 썼다는 요리책 《마에스트로 정명훈의 Dinner for 8(여덟 명을 위한 저녁식사)》에는 이런 구절이 나온다.

> 기적! 아내와 아이들의 얼굴을 대할 때마다 나는 이들이 내 인생의 기적이라는 생각밖에 들지 않는다. 우리 가족이 특별히 잘나서가 아니라 그들과 함께 하는 내 삶이 너무나 행복하기 때문이다. 가족과 함께 있을 때면 나는 음악가라는 정체성도, 지휘자라는 사명감도 잠시 잊는다. 그리고 우리 가족의 성실한 집꾼으로, 충성스러운 요리사로 거듭난다. 그때 나는 세상을 다 가진 듯 만족스럽고 행복하다.

서울로 돌아온 나는 그의 책을 샀다. 그리고 따라 만들어 보기 시작했다. 요즘 많이 먹는 스파게티 '알리오 올리오'. 마늘과 고추와 스파게티 면 중심으로 만드는데, 대단히 만들기 쉬웠다. 나는 평생 처음으로 요리를 만들어 가족에게 선을 보였다. 내게 어떻게 이런 '변화'가 찾아왔을까.

일찍 집에 돌아올 때가 많아지다 보니 조금씩 가족들의 일상사에 대해서도 관심을 갖게 됐다.

"승훈이는 오늘 늦게 오나?"

"예삐는 학원 가는 날 아닌가?"

아이들의 일정을 알게 되면서 자연스럽게 그들의 행동반경과 귀가 시간에 대해서도 파악이 됐다. 막내 예삐는 중3이라 학교에서 돌아오면 학원에 다시 간다. 자정 넘어 학원이 끝나면 내가 차를 몰고 나가 데려오곤 했다. 전에는 모두 엄마 몫이었다.

자연히 서로 대화하는 시간이 많아졌다.

"너는 어떤 고등학교를 원하니?"

"아빠. 나는 일본 만화를 좋아해서 일본어를 배울 수 있는 외고를 가고 싶어."

어느 날인가 집에 일찍 왔더니 예삐가 피곤한 얼굴로 잠들어 있었다. 잠든 얼굴 표정이 심상치 않았다. '아, 친구들과 문제가 좀 있구나' 부모가 되고 보니 아이들의 표정만 봐도 기쁜지 슬픈지, 힘든 일이 있는지 알 수 있었다. 딸아이는 언제 깼는지 부스스한 모습으로 앉아 있었다. 딸아이를 보며 무심한 듯이 말을 걸었다.

"오늘 아빠 기분이 별로 좋지 않네."

"왜?"

예삐가 심드렁하게 말을 받았다.

"응, 회사에 친한 친구가 있는데, 오늘 좀 내게 섭섭하게 해서."

지어낸 말이었는데, 반응은 즉각적으로 왔다.

"왜? 무슨 일 있었는데?"

"아니, 아빠가 요즘 국제 문제를 놓고 좀 강하게 의견을 피력했더니, 그 친구가 계속 트집을 잡기에 내가 알지도 못하면 가만있으라고 윽박질렀어. 그랬더니 무척 기분 나빠하더구먼."

예삐는 생각에 빠진 듯 아무 대답도 하지 않았다. 나는 여전히 무심한 척 말을 이어나갔다.

"그런데 나중에 내가 찬찬히 생각해 보니까, 내 잘못이 더 많은 것 같아."

"왜?"

그 내용이 무척 궁금한지 예삐가 재빨리 물었다.

"응, 왜냐하면 내가 너무 단정적으로 내 의견을 밀어붙였어. 알다시피 누구나 각자 의견이 있는 것 아니니? 그 의견이 다를 수도 있고. 그런데 내가 너무 내 주장을 내세우고 또 말하는 태도도 '단정적'이니 상대방이 못마땅해 할 수도 있겠지. 그래서 그 친구가 좀 반박을 한 것인데, 그것에 대해 내가 또 심하게 나무랐으니…. 아빠가 잘못한 것 같아. 그래서 마음이 편치 않네."

예삐는 가만히 듣고 있었다. 나는 녀석의 성격을 알고 있다. 부전여전父傳女傳이라고 나와 성격이 비슷했다. 적극적이고 호불호가 분명하다. 따뜻한 성품이지만 주견이 뚜렷하고 거침이 없어 상대방의 마음을 잘 헤아리지 못하고 아프게 할 수 있다. 특히 예민한 사춘기에 또래 아이들과 마찰이 자주 빚어질 수 있는 성격이다. 그래서 오늘 아마 친구들과 다투고 마음이 불편했을 것이다.

만일 내가 그런 문제에 대해 정색하고 이야기를 나눈다면 딸아이는 도리어 당황할 수 있을 것이다. 그래서 내색을 하지 않고 마치 내가 겪고 있는 이야기인양 꾸며서 들려주었던 것이다. 아마도 딸아이는 자기가 겪는 갈등과 똑같은 일을 아빠가 겪고 있다는 점을 알고 그 해결책을 자연스럽게 찾게 될 것이다.

얼마 후 예쁘는 내게 문자를 보냈다. 역시 내 예상과 다르지 않았다.

"아빠, 마음이 편해졌어. 너무 감사하구. 이제 애들한테 문제가 있다고 보지 않고 나부터 바꿔 보려구!"

마치 내 일이 해결이 된 듯 기뻤다. 그리고 그렇게 메시지를 보내준 딸의 마음이 전해져 가슴이 따뜻해졌다. '그래, 이게 가족이지!' 하는 마음이 들자 그동안 소중한 것을 잊고 살았던 것은 아닌지 되돌아보게 됐다.

로마의 시인 호라티우스가 "사람들은 행복을 찾아 세상을 헤매지만 정작 행복은 누구의 손에든지 잡힐 만한 곳에 있다. 그러나 마음속에 만족을 얻지 못하면 행복은 얻을 수 없다"라고 했듯이 행복이라는 파랑새를 찾기 위해 우리는 너무 먼 길을 가고 있는 것이 아닐까. 치열한 경쟁을 뚫고 거둔 성공, 겉으로 화려해 보이는 부와 명예를 파랑새인 마냥 좇고 있는 것은 아닌가. 결국 지친 삶에 맑은 소리로 지저귀며 위로하는 파랑새가 바로 가족이었음을 너무 늦기 전에 깨닫기를.

## •13•
## 젊음과 소통해야
## 마음의 주름살이
## 안 생긴다

　　　　　젊은 날엔 젊음을 제대로 모르는 법, 젊음의 한복판에 있을 땐 그때가 얼마나 아름다웠는지 진정 의식할 수 없다. 그 청춘이 지나야 비로소 그때가 빛났다는 걸 알게 된다. 많은 사람들이 나이가 들면서 청춘으로 돌아가고 싶어도 그 길을 찾지 못한다. 의술의 힘을 빌려 보지만 한계가 있다.

　정녕 청춘으로 돌아가고 싶은가. 방법이 없는 것은 아니다. 바로 젊음과 소통하는 길이 있다. 같은 시대를 살아가는 사람들끼리 나이를 떠나 함께 공감하고 소통할 수 있다면 당신은 누구보다 청춘이다.

 나의 젊은 날도 그렇게 빛났을까, 돌이켜보면 오히려 흐린 잿빛으로 기억되지만 그래도 그 시절을 견뎌냈기에 지금의 내가 있는 것이 아닐까 싶다. 그리고 이제는 다시 빛나는 청춘의 시대를 만들기 위해 그 길을 찾고 있다.

 처음이라는 것은 누구에게나 값진 의미가 있다. 특히 열정을 다해 완성한 것이라면 더욱 그렇다. 사무실에서 먹고 자면서 강행한 결과 약 5개월 만에 책 한 권을 완성했다. 출판사 측은 이례적으로 초고 내용을 독자들에게 돌려 여론을 파악했다. 그러나 실망스럽게도 비판 일색이었다. 여기서 출판사 측과 내 의견이 갈렸다.

 보완해서 출간하자는 출판사와 나와의 의견 충돌이 있었고 내 마음은 점점 초조해졌다. 지난 수개월 심혈을 기울여 만든 책이 일단 보류되자 나는 여러 출판사들을 다시 찾아 나섰다. 잘나가는 출판사 대표 등을 잇달아 만났지만 결과는 신통치 않았.

 '모두 거절한다면 책 주제나 내용 모두 문제 있다는 소리 아닌가. 그렇다면 어떻게 해야 하나. 다른 책을 써야 하나. 나는 이 책에 운명을 걸고 있는데.'

 좌절감이 들었지만 여기서 주저앉을 수는 없었다. 나는 애써 유명했던 문인, 예술가, 대가들의 실패담을 상기해냈다. 러시아의 도스토옙스키, 우리나라 이상 등의 소설가, 그리고 화가로 따지면 고흐, 고갱, 이중섭도 생전에는 얼마나 가난하게 살고 푸대접을 받았나. 나와 비교할 수 없는 위대한 인물들이었지만, 심정적 동조를 하면서 스스로를 위로하고 격려했다. 힘을 내자. 힘을 내자.

인생사 새옹지마라 했던가. 책 출간은 오리무중인 상황이었지만 한 대학에서 가을 학기 강의 요청을 해왔다. 제목은 '인쇄 미디어 실습', 쉽게 말해 신문·잡지 등 인쇄 매체에 종사하는 사람들의 업무 내용을 가르치는 것으로 일종의 '취재 보도론'이었다. 일주일에 3시간 연속 강의에 월 50만 원의 박한 시간 강사직이지만 나는 쾌히 응낙했다.

난생 처음 해보는 대학 강의였지만 내 경험을 넓힐 수 있는 좋은 기회였다. 내 평생 취재 경험을 학생들에게 전수해 줄 수 있는 시간이 주어진 것이다. 월 50만 원 강사료도 내겐 귀중했다.

수업 일정표를 짜고 강의 준비를 했다. 다소 시간이 걸리는 일이었지만 기쁜 마음으로 임했다. 내 인생의 또 다른 경험이란 점에서 마음이 설렜다. 8월 말 첫 강의를 했다. 혹시 할 말이 없을까 해서 내용을 잔뜩 준비했는데, 시간은 빠르게 지나가 반도 채 설명하지 못했다. 그만큼 나는 경험이 풍부했고 학생들에게 해줄 이야기가 많았다.

학생들도 현장을 누빈 언론인 출신 강사의 생생한 강의에 흥미를 많이 느낀 듯했다. 시범 강의가 끝난 뒤 강의 정원 80명이 바로 찼고, 강의를 듣고 싶다는 문의가 많았다. 학생들을 가르치면서 나는 다중 앞에서 하는 강의에 소질이 있음을 느꼈다. 우선 긴장하지 않았고, 비교적 표현력이 좋았으며 무엇보다도 젊은이들에게 이야기해 줄 사례와 메시지들이 풍부했다.

강단에 서면 학생들이 한 눈에 들어왔다. 진지하게 수업에 임하는 학생, 뒤에 앉아 건들대는 복학생, 수업보다는 옆 이성 친구에 더 관심을 쏟는 학생 등 그네들을 보면서 나는 30년 전 캠퍼스 시절의 내 모습을 회상했다.

나의 대학 시절은 무기력과 방황의 시기였다. 나는 과 친구들과 잘 어울리지 못했고 어느 서클이나 학회, 모임에도 담을 쌓은 아웃사이더였다. 내 옆에는 그런 나를 최고로 치고 늘 격려와 우정을 나누는 소수의 몇몇 친구가 있을 뿐이었다.

그때는 유신 시절이라 박정희 군부독재의 서슬이 시퍼래 학교 내에도 경찰들이 진주해 감시할 정도였다. 데모는 일어나기 전에 진압되고 정부에 대한 모든 비판은 범법 행위였다. 숨 막힐 듯한 상황에서 많은 학생들이 자기들끼리 모여서라도 시국을 성토하곤 했지만 나는 거기에도 끼지 않았다. 시국 상황보다는 나 스스로에 대해 힘들어 하고 있었기 때문이다.

고등학교 때부터 이어온 불성실한 수업 태도에다 대학 들어와 생긴 자아 정체성에 대한 회의로 가득 차 있었다. 이것은 수업 시간을 빼먹고 빈둥거리는 데 좋은 변명거리였다. 나는 공부도 안 하고, 서클 활동도 안 하고, 시국을 고민하기에는 자신과의 문제가 너무 복잡한 별 볼일 없는 학생이었다.

내 자신에 대한 불만은 결국 자학으로 이어지고, 신경쇠약 증세로까지 번졌다. 일상적인 인간관계가 어려워진 수준이었다. 나와 외부 세계가 단절되고, 내 속에 자아가 여러 개로 분열되는 듯한 지독한 느낌, 겪어본 사람이라면 그것이 얼마나 사람을 질식케 하는지 알 것이다.

훗날 나는 당시 심리 상황을 모티브로 해 소설을 하나 썼다. 주제는 '공감'인데 사회적으로는 성공했으나 내면적으로는 불행한 중소기업 CEO A씨를 주인공으로 한 것이다. 사람이 살아가면서 가장 중요한 것이 공감共感이고, 공감을 주고받을 수 있으면 행복하다는 얘기다(출판은 하지 않았다).

> 언제부터인지는 정확히 기억이 나지는 않는다. 하여간 어느 순간부터 그는 자신의 마음의 문을 닫았다. 워낙 바쁜데다가 생각해야 할 일이 많은데 엉뚱하게 마음속에서 여러 소리, 복잡한 소리들이 나서 이를 의식적으로 멀리하기 시작했다.

...

침대에 누워 생각을 하다 그는 잠에 빠졌다.

문을 조금 열고 살짝 안을 들여다보니 컴컴할 뿐 조용하기만 했다. 한 사내가 보였다. 쓸쓸한 벌판에 홀로 서 있었다. 놀랍게도, 바로 자신이었다.

그는 저 멀리를 응시하고 있다. 그의 눈길을 따라가 보니 그의 아내가 홀로 서 있었다. 아내는 입을 꼭 다물고 이쪽을 노려보고 있었으나 그녀는 이렇게 말하는 것처럼 느껴졌다.

"난 너와 살았던 결혼 생활을 증오해. 지긋지긋해. 너처럼 인정머리라곤 털끝도 없는 인간과의 삶은 말 그대로 '적과의 동침'이었어. 너는 너만 있지 남은 없어. 너는 머리만 있지 마음은 없어."

아내가 그토록 자신을 향해 비난을 퍼붓고 있지만 그는 한마디 대꾸도 할 수 없었다.

다시 장면이 바뀌었다. 그는 회사로 출근하고 있었다. 그런데 놀라운 변화가 일어났다. 사람들이 자신을 싫어하고 경원시하고 있다는 느낌을 받았기 때문이다. 정확히 표현하면 상대방의 마음이 느껴지고 그것이 마음속의 소리를 통해 전해진다고 해야 할까.

...

마음속의 소리는 여기서 그치지 않았다. 이날 그와 마주치거나 대화를 나눈 회사 직원, 간부, 거래처 손님, 심지어 음식점 종업원에 이르기까지 그들이 그에게 품고 있는 마음을 끊임없이 전해 주었다. 문제는 그들이 자신에게 품고 있는 마음이 하나같이 부정적이라는 사실이었다. 그의 마음은 놀람과 충격, 배반감, 모멸감 등이 합쳐 마구 흔들렸다. 그의 내면이 큰 충격과 상처를 받은 것이다.

"안 돼! 아냐! 이건 아니잖아!"

갑자기 벌떡 일어났다. 안방이었다. 사방은 아직 어둑어둑한 새벽녘이었다.

'휴. 악몽을 꾸었구나!'

그는 안도했다. 한동안 무시해왔던 마음속의 소리가 어젯밤 꿈을 통해 나타난 것이라고 생각했다. 마음과 대화를 나누면 단순했던 삶이 다시 복잡해진다.

"마음은 잊어 버려. 머리로 사는 거야! 그것이 가장 확실한 성공의 지름길이지."

소설과 같은 마음의 상태를 나는 청소년기에 지독히 겪었다.

지금 돌이켜 봐도 대학 생활에서 별로 즐거웠던 기억이 없다. 언젠가 황석영의 장편 소설 《개밥바라기별》을 읽으면서 주인공의 심리 상태에 나는 무척 공감했다. 내가 겪은 것과 비슷했기 때문이다.

《개밥바라기별》은 고교생 남자 주인공 '준'과 친구들이 불안한 성장기를 보낸 이야기다. 보통 소설의 경우 작가의 경험이 녹아나는데, 역시 이 소설도 황석영의 청춘 기록장이었다. 책을 읽으면서 내가 공감한 것 중 하나는 나를 지켜보는 '또 다른 나'였다.

> 곰곰이 생각해 보면 나는 자신의 또 다른 존재에 몰두해 있었다. 그것은 언제나 내 몸 근처의 한 걸음 뒤에 따로 떨어져서 나를 의식하고 관찰하고 경멸하거나 부추겼다. 나는 그 부자연스러운 느낌을 안과 바깥이라는 불완전한 말로 표현할 수밖에 없었다. 그는 누구인가.

내 정체성의 혼란은 복학 후 도스토옙스키의 《지하생활자의 수기》를 읽으면서 조금씩 벗어나게 됐다. 도스토옙스키의 소설에 등장하는 인물들 역시 지독한 자기 혐오증에 빠져 있었다. 독백 형식으로 쓰인 이 작품에서 주인공은 삶에 대한 은폐된 불안과 은밀한 증오에 시달리며 철저히 고립된 곳에 도피처를 마련하고 있다. 그는 비겁하고 소심하며 바깥세상의 모든 가치를 부정하곤 했다.

인간 본성의 추악함과 그로 인한 인간의 행동은 논리적으로 설명하기 어렵다. 이 소설에서 단절을 원하면서도 또 한편으로 소통을 갈구하는 주인공 지하생활자의 비논리적인 고뇌는 현대 지식인의 모습 그 자체이기도 하다.

나는 이런 음울하고 기분 나쁜 글을 읽으면서 도리어 위안을 얻기 시작했다. '나만 나쁜 인간인 줄 알았는데 더 나쁜 인간들도 많네'라든가, '그래. 인간들은 나쁜 점도 좋은 점도 갖고 있지. 내가 비록 방황하고 있지만 내 내면에도 좋은 점이 많지 않은가'라는 생각을 하게 됐다. 도스토옙스키의 위대함은 바로 여기서 느껴졌다. 아이러니하게도, 그가 인간성을 적나라하게 해부하고 난도질할수록 그 기분 나쁜 본성의 모습을 보면서 나같이 방황하는 인간들은 오히려 위안을 찾고 희망을 얻었다.

30년 전 기억을 되살리면서 지금 학생들 중에서도 과거 나처럼 지독한 내면의 갈등을 겪고 있는 친구들이 많을 것이라고 생각했다. 나는 강의 중 학생들과 대화를 통해 서서히 '젊은이들과 대화하는 법'을 터득하기 시작했다. 그것은 간단하면서도 쉽지 않은 것이었다.

과거 기자 시절 내가 대학생들을 대할 때는 말 그대로 '학생' 취급을 했다. 내가 그네들보다 경험도 많고 10~20년 연상이 아닌가. 그러나 여기서는 자세를 낮추고 그들과 같은 수준에서 대화하려고 애썼다. 나의 신문사 경력은 그저 경력일 뿐이다. 나는 사람들과 보다 소통하기를 원했으므로, 학생들과의 관계에서도 실패하면 안 된다고 도리질 쳤다.

나는 되도록 학생들의 이름을 외우려고 애썼다. 선생이 학생 이름을 불러 주는 것만큼 호감 얻는 데 효율적인 방법은 없다. 대학 시절, 나는 주목 받는 학생이 아니었는데 그렇더라도 어느 교수가 내 이름을 불러주면 기분이 매우 좋았던 기억이 있었다.

역시 눈앞에 보이는 10여 명 정도 학생들의 특징을 기억하고 이름을 외워 불러 주었더니 반응은 금방 나타났다. 강의실에 들어서면 학생들의 우호적 분위기를 느낄 수 있었다. 생각해 보라. 나이 지긋한 선생이 일주일에 한 번 만나는 학생 이름을 일일이 부르는 데 싫어할 사람이 누가 있겠는가.

나는 젊은 학생들과 때로는 맥주도 마시고, 때로는 이메일로 대화하면서 내 자신을 낮추는 법을 조금씩 체득하기 시작했다. '이해하다'는 뜻의 영어 단어 'understand'는 상대방의 아래쪽에 under 서야stand, 진정으로 그 사람을 이해understand할 수 있다는 뜻이 된다. 현대 산업사회에서 우리는 개인 간 의사소통의 문제, 대인 관계 갈등·부적응에 따른 심리적 불안, 과도한 스트레스를 받고 있다. 그러다 보니 개인적으로 불만이 커질 수밖에 없고 사회생활에서도 행복과 성취감을 느낄 수 없다. 따라서 우리는 자기와 타인이 모두 행복해질 수 있고 성공할 수 있는 안내자로서 '공감'

을 생각하게 된다.

'당신이 행복해지기 위해서는 다른 사람들이 당신의 의견을 이해하는 것이 아니라, 당신이 다른 사람의 의견을 이해해야 한다.'

내가 나를 낮출수록, 젊은 학생들에게 다가갈수록 그들은 내게 마음의 문을 열었고 나를 호의적으로 받아들였다. 마치 물컵의 물이 위에서 아래로 쏟아져 내려오듯 자연스럽게 그들의 생각과 의견이 내게 흘러 들어왔다. 학기말 학생들이 교수에게 내리는 평가에서 나는 거의 최상위 점수를 기록했다.

내가 강의를 하면서 얻은 가장 큰 소득은 바로 젊은이들과 대화할 수 있다는 자신감이었다. 학기가 끝나갈 무렵 대학에서는 나에게 '겸임 교수' 타이틀을 주었고, 다른 대학에서도 강의 요청이 들어왔다.

젊은 학생들과의 만남은 내게 새로운 소통의 길을 열어주었다. 내가 그동안 어떤 대상들을 향해 이토록 열정적으로 소통하려고 노력한 적이 있었던가 싶을 만큼 전에 없던 시도였다. 오히려 내가 그들로부터 뜨거운 에너지를 받고 있음을 느낄 때가 많았다.

사회가 빠르게 움직일수록 세대 차이의 간격은 그만큼 넓어진다. 내가 알고 있는 것이 옳다고 주장하면 그 차이는 더 벌어질 뿐이다. "우리는 그때 저렇지 않았는데"를 먼저 내세우지 말고, 그들의 입장에서 이해해 보라. 소통이란 것이 그리 어려운 것은 아니다. 나를 낮춰 상대의 목소리에 온몸으로 귀를 기울이는 것부터 시작하면 된다. 그동안 일방통행으로 내 마음을 전달했다면 이제는 쌍방향의 소통이 되도록 내 마음을 열어 놓으면 된다. 그러면 세대 차이가 아니라 세대 공감이 형성될 수 있을 것이다.

# •14•
# 마음속 진실의
# 소리를 들을 때
# 행복이 다가온다

 세상에서 자기를 가장 잘 아는 사람은 바로 자신이다. 그런데도 내면에서 들리는 진실의 소리를 외면하는 일이 있다. 힘들고 아픈 기억들이 자꾸 자신의 소리를 회피하게 만든다. 결국 스스로를 사랑하지 않고, 자기 비하와 자기 학대로 이어진다. 하지만 언제나 잊지 말아야 할 점은 세상에서 자신을 가장 사랑해 주는 사람 역시 자신이라는 것이다.
 "나의 가치는 다른 사람에 의해 검증될 수 없다. 내가 소중한 이유는 내가 그렇다고 믿기 때문이다. 다른 사람으로부터 나의 가치를 구하려 든다면 그것은 다른 사람의 가치일 뿐이다."

웨인 다이어의 《행복한 이기주의자》에 나온 문구다. 자기 자신에 집중하고 자신만을 생각하면 이기주의자로 낙인찍힐까 봐 두려운가. 스스로 행복을 느끼지 못하는 사람은 주위를 행복하게 만들지 못한다. 자신의 가치를 다른 이들로부터 검증받으려 한 적은 없는가. 그래서 자신을 인정하지 못하고 부정적인 생각으로 가득해서 자신도 세상도 원망한 적은 없는가. 모든 것은 나로부터 시작한다고, 나를 긍정하고 인정해야 다른 이들도 그렇게 해준다고 생각하라. 나를 인정하는 것이야말로 나의 가치를 높이는 방법이다.

아침에 출근하면 아무도 없는 썰렁한 공간이 나를 맞이한다. 책상 주변은 어제 저녁 그대로다. 오직 나 혼자만의 공간이고 세계다. 그 속에 있노라면 외로움과 고독감이 물밀듯이 밀려온다. 과연 오늘은 잘 지나갈 것인가. 기쁨이 내 마음에 찾아올 수 있을까.

'기도를 통해 영적靈的 에너지를 얻을 수 있다'는 《존 템플턴의 행복론》에서처럼 영적 에너지를 얻기 위해 책상에 앉으면 습관적으로 기도와 명상을 하게 된다. 오늘 하루 출발을 위한 절차다. 나는 내 생각의 주인이 돼야 했다. 마음을 지배하려면 무엇보다 마음을 고요하게 하는 법을 배워야 했다. 《시크릿》에 등장하는 대가들도 날마다 '명상'을 하며 자신을 다스렸다고 한다. 하루를 시작하면서 그저 3~10분 정도 명상하며 생각을 평화롭게 하는데 믿어지지 않을 정도로 도움이 되었다.

나에게는 과제가 있다. 글로 승부를 보는 것과 사람이 되는 것, 특히 나를 다스리는 일은 글을 쓰는 것만큼 각고의 노력이 필요하다. 화를 잘 내고, 감정적일 때가 많은 나로서는 명상으로 나를 다스리는 일이 필요했다. 점차 나아지고는 있지만 마음을 닦는 일이 어디 쉬운 일인가.

나는 눈을 감고 단전에 기氣를 모으고, 심호흡을 하면서 정신을 집중한다. 때로는 아예 바닥에 매트리스를 깔고 참선 자세로 앉아 약식 단전호흡을 할 때도 있다. 내 안에 있는 부정적인 감정의 찌꺼기들을 밖으로 몰아내고, 긍정적인 에너지를 만들어낸다.

자기 자신을 소중히 여기지 않으면 어떠한 일도 제대로 할 수 없고 그 누구도 소중히 여길 수 없다. 나는 내 자신과 하나가 되어 행하는 일에서 자신과 사이좋게 지내도록 노력해야 한다. 그리하여 행복해져야 한다. 우리가 궁극적으로 추구하는 것은 행복이기 때문에 나도 행복하고 남도 행복하도록 만들어야 한다. 그래서 나 자신에 대한 긍정적인 상상을 했다.

'함영준, 너는 좋은 놈이야. 괜찮아!'
'너는 지금 이 어려움을 반드시 극복할 거야!'
'앞으로 네가 바라는 대로 이뤄질 거야!'

그리고 '행복'이란 단어에 정신을 집중하여 "행복" "행복" "행복", 입으로 '행복'을 반복한다. 마음의 눈으로 행복한 순간을 상상한다.

내가 미국 워싱턴에서 혼자 연수하던 시절, 가족들이 여름방학을 맞아 찾아왔다. 만 8살 아들, 4살 딸, 그리고 사랑스런 아내와 미국 동북부와 캐나다를 여행하던 그 시절은 내게 가장 행복한 시간들이었다. 그때 장면이 파노라마처럼 펼쳐졌다.

어느새 마음이 정돈돼 안정을 찾고 있다. 마음 한가운데를 짓누르는 무게감이 사라지고 가벼워진다. 기분이 조금씩 좋아지고, 즐거워진다. '평상平常'의 상태, '평정平靜'의 느낌이 든다. 바로 이런 평상심을 유지해야 바르게 판단할 수 있고, 효율적으로 일에 전념할 수 있다.

성공한 사람들은 누구나 다 어려운 시기를 거치고 극복한다. 누구라도 예외가 없고, 나도 마찬가지다. 지금은 더 나은 성취를 위해 거쳐야 하는 '어려운 시기'로 생각한다. 스스로를 자랑스럽게 여기자.

내가 회사를 나온 것은 성급하거나 무모하거나 감정적 판단에서 비롯된 것이 아니었다. 더 이상 나태하고 싶지 않아서, 일상에 안주하고 싶지 않아서였다. 더 이상 작아지거나 겁 많아지거나 욕심에 지기 싫어서였다. 그 이후로 나는 지금껏 쌓아놓은 내 나름의 세계, 기득권, 평판을 다 떨쳐 버렸다. 누군가 말했듯 '세상에서 잊혀진 사람'이 될 각오를 하고 나왔다.

"자네, 부인에게 이혼당할 수도 있어."

한 선배가 마치 세상 인심이 그렇다는 듯이 말했다. 그때 각오했다. 그래, 지금 내 상황을 보고 아내가 이혼을 요구한다면 두말없이 받아 주리라. 그렇게 부서지기 쉬운 사이라면 헤어지는 편이 차라리 더 낫다. 남편이 안온한 세계를 가져오지 않는다고 헤어짐을 생각하는 아내, 그 정도로 아내로부터 신뢰를 못 받는 남편이라면 못할 것도 없다. 물론 내 아내가 그런 사람이 아니란 것을 누구보다 잘 알았다. 그녀는 늘 내게 사랑과 믿음을 주었다.

만약 지금의 내 도전이 실패로 끝난다면 나는 벼랑 끝으로 추락할 것인가. 나는 아니라고 단언할 수 있었다. 나는 결코 포기하지 않을 것이기 때문이다. 운명과 타의에 의해 내 인생이 '파괴'될 수 있어도, 내 스스로 '패배'를 인정하는 경우는 없을 것이다.

나는 미국 작가 어니스트 헤밍웨이의 말을 떠올렸다.

나는 헤밍웨이의 소설을 좋아해서 사춘기 시절부터 그의 소설 《노인과 바다》《무기여 잘 있거라》《누구를 위하여 종을 울리나》《킬리만자로의 눈》 등을 섭렵했다. 그의 간결한 문체, 감정이나 평가를 최대한 억제한 표현력, 스스로 전쟁에 참여하고 생사를 넘나드는 체험을 하면서 이를 바탕으로 한 행동주의 문학에 빠져들었다. 남성적이고 호쾌한, 그러면서 자유분방한 삶도 매력적이었다. 그의 소설 속 주인공 대부분은 힘든 삶 속에서도 결코 타협하거나 굴하지 않는 '전사'들이다. 그러나 결국 자연, 상황, 운명 등에 의해 비극적인 결말을 맞이하게 된다.

한창 방황하던 사춘기 시절, 고1로 기억되는데 길거리에서 헤밍웨이 전집을 염가로 팔고 있었다. 그때 광고지에 나온 '인간은 패배하지 않는다. 다만 파괴될 뿐이다'라는 글을 보고 가슴이 뛰었다. 얼마나 멋있는 말인가.

'그래, 인생은 그렇게 살아야 해. 고통과 고난과 배반이 있더라도 결코 굴복하지 않는 모습, 그것이 내 인생의 모습이 돼야 해.'

그 문구는 말년의 헤밍웨이에게 퓰리처상(1953)과 노벨문학상(1954)을 안겨준 《노인과 바다》에서 주인공 노인이 한 독백 중 한 토막이다.

쿠바의 노(老)어부 산티아고는 만 84일 동안 단 한 마리의 고기도 낚지 못했다. 사람들은 그런 그에게 행운이 떠났다며 퇴물 취급한다. 하지만 85일째 되는 날, 노인은 그에게 낚시를 배운 소년 마놀리와 함께 자신의 쪽배를 타고 큰 바다로 나간다. 거기서 거대한 몸집의 청새치를 만나게 되고 이틀간의 사투 끝에 마침내 포획에 성공한다. 노인과 소년은 성취감과 승리감에 취해 배를 돌려 집으로 향했고, 채 도착하기 전에 상어 떼의 습격으로 청새치는 뼈만

앙상하게 남게 된다.

평론가들은 《노인과 바다》에 등장하는 소재들을 재해석해 상징적 의미를 파악했다. 예컨대 '바다'는 고난과 역경을 피할 수 없는 인생이며, 노인이 죽을힘을 다해 잡은 '청새치'는 삶에서 소중하게 생각하는 '가치'들이고, 청새치를 뜯어먹는 '상어'들은 삶의 가치를 위협하는 장애물이라는 식이다. 결국 그 장애물 때문에 노인은 자신이 소중하게 여기는 것을 다 잃고 말지만 결과에 상관없이 삶에 대한 투철한 정신을 보여준다는 것이다.

사표를 내고 친지가 사는 전남 완도군 청산도로 훌쩍 여행을 떠난 적이 있었다. 칠흑 같은 밤에 인적도 없는 길을 혼자 걸으면서 하나님께 간절히 기원했다. '용기와 힘을 달라고…'. 달빛조차 없어 온통 캄캄한 밤길을 걸으면서, 파도 소리 높고 차가운 겨울 바닷바람이 불어치는 해안가 절벽 벼랑 끝 위에서 추위도 잊고 두려움도 잊을 수 있었던 것은 신앙의 힘 덕분이었다. 회사를 나온 후 겪은 가장 큰 변화 중 하나이기도 했다.

마음이 심란하고 흔들릴 때면 목사님의 설교가 귀에 들어오기 시작했다. 마치 나를 위한 설교라도 되는 듯 모두 내 처지와 내 이야기만 같았다. 아마 예전에도 목사님은 비슷한 내용의 설교를 했을 터였다. 다만 그때는 내가 절박하지 않은 상태라 남의 얘기처럼 건성으로 들었던 것이다. 종교란 역시 힘들고 가난하고 버림받고 소외된 사람들을 위해 존재한다.

　일요일 예배 시간, 목사님의 설교가 가슴으로 다가왔다. 그날 설교 주제는 '버림받음 너머 다시 가질 꿈'이었다.

　"버림받았다고 생각하시는 분들이 많습니다. 직장에서나 가정에서나 인생에서나. 저는 여기서 왜 그렇게 됐나, 어떻게 하면 치유될까에 대해 말씀드리고 싶지 않습니다. 대신 그 같은 '버림'이 일종의 선택이었다는 점을 말씀드리고 싶습니다. 그 의미를 깨달으신 분이라면 하나님께 나가 거룩한 제사장이 되십시오. 내가 편안하게, 내가 안락하게 사는 것만이 인생의 목적이 아닙니다."

　그러면서 목사님은 실화를 소개했다.

　"미국의 한 아주머니가 음주 운전자의 차에 생때같은 자식을 잃었습니다. 본인 자신도 사경을 헤매다 살아났습니다. 그러나 그녀는 절망감과 증오심에 굴복하지 않았습니다. 도리어 '음주 운전 반대 모임'을 결성하고 음주 운전 퇴치를 벌이는 사회운동가로 변신했습니다. 그녀는 자신의 불행을 통해 소명을 깨닫고 실천한 것입니다."

　"《세상에서 가장 아름다운 사람 조엘》이란 책이 있습니다. 그 책의 주인공 조엘은 생후 20개월 때 고속도로상의 연쇄 추돌 사고로 전신 85%에 3도 중화상을 입었습니다. 그의 얼굴과 신체를 보면 온통 화상을 입어 끔찍한 몰골입니다. 그러나 그의 마음은 세상 누구보다 아름다워 마치 천사와 같습니다. 흉측한 몰골과 불구의 사지를 지녔지만 그는 어린 시절과 사춘기를 잘 견디고 훌륭하게 자랐습니다. 18년 만에 가해 운전자가 붙잡혀 법정에 섰을 때 그는 이렇게 말했습니다. '저는 증오심으로 인생을 허비하지 않을 것입니다. 증오는 또 다른 고통을 낳을 것이기 때문입니다. 대신 사랑으로, 하나님의 은혜 안에 있는 무한한 사랑으로 둘러싸일 것입니다.' 그는 전 세계를 돌아다니며 희망과 용서와 긍정의 메시지를 전파하고 있습니다. 여러분, 당신이 받은 상처를 우리 주변에 상처받은 사람들을 위해 사용하십시오. 당신의 아픔을 하나님의 거룩한 제물로 쓰십시오."

예배가 끝난 후 나는 차를 몰고 사무실로 향했다. 특별한 사정이 없는 한 일요일에도 출근했다. 승용차 안에서 걷잡을 수 없이 눈물이 나왔다. 눈물이 줄줄 흘러 내려 시야를 가릴 정도였다. 급기야 어깨를 들먹이며 그 분출되는 감정을 제어하지 못한 채 꺼억꺼억 울었다. 숨이 막히고 온몸이 떨렸다. 성인이 된 이후 이런 식으로 울어본 적은 처음이었다. 사무실로 들어선 뒤에야 울음은 그쳤다. 한바탕 울고 나자 마음이 그렇게 개운하고 후련할 수가 없었다. 나는 테이블로 가 하나님께 기도를 드렸다.

"하나님, 진정으로 감사드립니다. 저에게 이런 시련을 주셔서. 제가 견딜만한 시련을 주셔서 감사드립니다."

나는 그야말로 질풍노도의 청소년기를 보냈다. 중학교 때 이미 술, 담배를 했고, 여자 친구도 사귀었다. 중학교 교복을 입은 채 버스를 타고서도 차비를 내지 않았다. 당시에는 버스 안내양이 있었는데 누나뻘인 안내양이 차비를 내라고 하면 "없어. 어쩔래?"라며 무시하기도 했다.

나는 중학교 무시험 진학 1세대였다. 당시 서울은 지금처럼 넓지 않아 4학군으로 나뉘어져 있었다. 용산구에 살던 나는 4학군에 속했는데 지금으로 치면 용산, 동작, 서초, 강남, 관악, 영등포, 양천, 강서, 금천구 등에 사는 학생들이 속했다. 가난했던 1960년대 말, 70년대 초 시절엔 별의별 학생들이 다 있었다.

그 별의별 학생 중 내 주변에는 꽤 쓸 만한 '주먹' 친구들이 있었다. 나보다 한두 살 위로 어려서부터 싸움질로 단련된 친구들이었다. 그들은 중학생 교복을 입고서 고등학생들을 두들겨 패곤 했다. 나는 그네들과 어울렸다. 내가 다니던 학교뿐 아니라 다른 학교 학생들과도 사귀게 됐다. 지금 용산구 남영동은 이른바 교통의 요충지로, 주로 용산, 영등포구 등에 사는 4학군 학생들의 집결지였다.

사실 그들과 나는 공통점이 별로 없었다. 나는 싸움꾼이 아니었다. 그러나 생각은 그들보다 좀 앞선 편이었다. 즉, 나는 그들보다 머리가 앞섰고, 그들은 나보다 주먹이 앞섰다. 이것이 묘한 보완

관계가 돼 함께 어울려 다니게 된 것이다.

　패싸움도 많았는데, 간혹 나도 곁다리로 붙어 끼곤 했다. 싸움이란 게 힘세고 운동을 잘한다고 해서 이기는 것이 아니었다. '악으로, 깡으로' 라는 말이 딱 떨어지는 게 싸움판의 논리였다. 예컨대 저쪽이 10명, 이쪽이 2명이라고 치자. 숫자로는 절대 부족인데 이 2명이 한판 붙자고 먼저 달려든다면, 즉 먼저 선제공격을 통해 상대방 우두머리를 공격한다면 그 다음 결과는 뻔하다. 10명이 2명을 무서워하며 줄행랑을 쳤다. 일종의 기선 제압이었는데, 당시 내 친구들은 이런 전투에 익숙했다. 적어도 싸움에 관한 한 그들은 심리전에서부터 상대방을 이기고 있었다.

　나는 문제아였다. 우리 담임선생님의 문제아에 대한 해석은 이랬다.

　"머리는 좋은데, 공부 안 하는 놈"

　그런데 더 큰 문제는 집에서 문제아란 사실을 전혀 모른다는 점이었다. 그저 공부 잘하고 어른 말씀 잘 듣고 정직한 아이라는 게 집안 어른들의 생각이었다.

　참으로 위험한 시절이었다. 나는 친구들과 어울려 이른바 일탈행동을 일삼았다. 고등학교 입학 후 나는 학교생활에도 흥미를 잃었고, 자부심도 없어졌다. 그나마 하던 공부도 손에서 놨다. 그 대신 동네 교회에 나가기 시작했다. 불교에서 기독교로 개종한 조부모님의 권유에서였다. 교회에 나가 또래 학생들과 어울리면서도 나쁜 행동을 계속 했다. 교회 아이들은 과거 친구들에 비해서는 훨씬 양질이었는데 여기에도 문제아들은 있었다. 나란 존재가 부담이 됐는지 1년 위 선배들이 나와 친구가 되기를 자청했다.

"영준아 우리 말 놓자. 까짓 1, 2년 차이가 무슨 문제냐."

지금 돌이켜보면 낯 뜨거운 일이 한두 가지가 아니지만, 이해되는 측면도 없지 않다. 일탈 행위를 통해 나름 얻는 것도 있었다. 사람은 실수를 해 봐야 실수를 하지 말아야 된다는 것을 깨달았다. 또 실수를 통해 남의 실수에 대해 관대하게 포용할 수 있게 됐다. 주먹 친구건, 교회 친구건 본래 인성이 나쁜 친구는 없었다. 다만 그 시절 주변 환경이, 살아온 삶이, 내면의 혼란이 우리를 일탈로 이끌었을 뿐이라고 생각한다.

어린 시절에 다닌 교회의 추억은 결국 나를 기독교인으로 만들었다.

목사님의 설교를 듣고 억제할 수 없는 눈물을 흘렸던 것은 아마도 격정의 사춘기까지도 위로받는 느낌 때문이 아니었을까. 그리고 지금의 고난도 또 그렇게 지나가리라는, 인생을 증오가 아닌 아름다움으로 채우라는 진리가 가슴 깊이 전해져 왔기 때문이리라.

"근본적으로 행복과 불행은 그 크기가 정해져 있는 것은 아니다. 다만 그것을 받아들이는 사람의 마음에 따라서 작은 것도 커지고, 큰 것도 작아질 수 있는 것이다. 가장 현명한 사람은 큰 불행도 작게 처리해 버린다. 어리석은 사람은 조그마한 불행을 현미경으로 확대해서 스스로 큰 고민 속에 빠진다."

이는 프랑스 사상가 라 로슈프코의 말이다. 행복이나 불행을 받아들이는 것은 결국 사람의 마음먹기에 달려 있다는 것이다.

사람은 누구나 행복하기를 바란다. 다만 각자 가진 행복을 스스로 발견하지 못할 뿐이다. 행복은 나를 성찰하지 않으면 얻을 수 없는 것이다. 내 안에서 들리는 진실의 소리에 귀를 기울여 보라. 과연 내가 원하는 것이 무엇인지, 자기만의 방향을 찾아 달려가 보라.

## ·15·
## 인생이여, 고마워요!

프랑스 현대 문학의 거장 미셸 투르니에는 자신의 저서 《짧은 글, 긴 침묵》에 묘비명을 미리 써 두었다고 한다. 프랑스 문단 최고의 지성으로 불릴 만큼 다양한 창작 활동을 했던 그가 70대에 써놓은 묘비명은 현재를 살아가는 사람들에게 삶의 길을 제시해 준다.

"내 그대를 찬양했더니 그대는 그보다 백배나 많은 것을 내게 갚아주었도다. 고맙다, 나의 인생이여!"

삶을 마무리할 때 '인생이여, 고마워요!'라고 인사할 수 있다면 행복한 인생이 아니겠는가.

　누구보다 내 자신을 위해 최선을 다하고자 기획했던 새로운 인생, 그리고 그 첫 작업으로 시작했던 책은 세상에 나오기 위해 안간힘을 쓰고 있었다. 첫 책을 8월까지 완료하고 가을에 출간해 베스트셀러를 만들겠다는 게 애초에 나의 야심찬 계획이었다. 그러나 그것은 내 생각에 불과한 것이었다. 출판 시장은 그리 만만한 곳이 아니었고, 뛰어난 필자가 수두룩한데다 단행본 시장은 1990년대를 정점으로 기울고 있었다.

　대학에서 강의를 하며 새로운 책에 대해 고민하면서 나는 이미 탈고한 '한강의 기적'을 출간할 출판사를 물색하고 있었다. 11월쯤 후배의 추천으로 출판사를 소개받았다. 이 회사 기획실장을 만나 책의 취지와 주제를 설명하니 마침 자신도 한국인의 저력에 대해 긍정적으로 기술한 책을 찾고 있었다고 환영했다. 여름에 만들어 둔 초벌 원고를 건넸다.

　며칠 후 그는 "내용이 좋다. 함께 만들자"고 했다. 우리는 구체적으로 논의를 거쳐 기획안에 합의했다.

　처음 출간이 무산되고, 여러 곳에서 거절을 당할 때만 해도 애써 감추고 있었지만 좌절감에 힘들어 했었다. 그런데 다시 희망의 불씨가 살아나자 다시 신이 나서 하루라도 빨리 책을 내고 싶었다. 물론 이번 작업도 간단한 것은 아니었다. 기존 초고를 중심으로 주제, 서술 방식, 목차 등을 모두 새로 써야 했다. 2006년 독일 월드컵에 맞춰 출간하려고 했는데 시간을 따져 보니 3개월 정도의 여유밖에 없었다.

다시 밤샘 작업에 들어갔다. 우리의 과거를 부인하고 노력을 폄하하는 이 시대에, 진정 필요한 메시지를 전달하겠다는 사명감이 나를 일에 몰두하게 만들었다. 이 책을 대한민국 젊은이들이 읽고 희망과 긍정의 메시지를 얻어서 사회 변화를 선도할 수 있기를 바라는 마음에서 강행군에 들어갔다.

오피스텔에서 숙식하면 하루 16시간 작업도 가능했다. 나는 일주일에 절반은 오피스텔에서 살고, 절반은 출퇴근하면서 글을 썼다. 그러다 보니 당초 목표 3개월에서 2개월을 단축, 1개월만인 12월 말에 1차 원고를 출판사에 보낼 수 있었다.

인간의 집중력은 대단하다. 예전 같으면 이런 생활을 단 3일도 견디지 못했을 텐데 이제는 일상화됐다. 간절히 원하는 일을 이루기 위한 마음이 만든 결과였다. 이런 식의 작업 속도와 몰입이라면 그 책의 질質 여하는 차치하고, 1년에 10권씩의 책도 쓸 수 있을 것 같았다.

달력을 보니 어느덧 연말이 다가와 있었다. 회사를 나온 지 1년이 다 되어가는 시점이었다. 성탄절을 하루 앞둔 12월 24일 낮, 사무실에서 지난 1년을 정리해 보았다. 내 평생 올해처럼 숨 가쁘게 살면서 긴장과 초조 속에서 지낸 적은 없었다. 그런데도 멀쩡하게 건강을 유지하고 있었고 가족들과도 잘 지내고 있었다.

우선 감사했다. 지난 1년간 잃은 것보다 얻은 것이 더 많았다. 잃은 것은 회사에 다닐 때 가진 직위와 평판, 그리고 그로 인해 사회적으로 알았던 많은 사람들과의 관계가 소원해진 것이었다. 그로 인해 자존심이나 생활 등이 다소 위축되기도 했다. 그러나 분명한 것은 이 모든 것을 내가 선택했다는 점이었다. 누구 등에 떠밀려서도 아니고, 누구를 흉내 내려고 한 것은 더더욱 아니다. 기초가 단단하지 못하고 내공의 힘이 빠진 상태에서는 발전이 어렵다. 나는 이를 알고 내 자신과 밑바닥을 다지기 위해서 일보 후퇴했을 뿐이었다.

자. 무엇을 얻었을까.

첫째, 신앙이 독실해졌다. 인생 후반의 불확실성을 신에게 의지하고 나 자신에게 끊임없이 질문하며 헤쳐 나가기로 결심할 수 있었다.

둘째, 가족, 특히 아내에 대한 사랑이 커졌다. 그동안 아내에게 잘해준 것도, 실망시킨 일도 많았지만 아내는 늘 한결같았고 특히나 이번에 내가 어려울 때 나의 고통을 이해해 주고 분담했다. 그것이 고마워 아내에게 진정 잘해야겠다는 마음을 갖게 만들었다. 마침 그해는 우리 부부가 결혼한 지 만 20년 되던 때였는데, 아이러니하게도 그때 우리 부부 금실이 가장 좋았던 것 같다.

아이들 역시 어려운 상황이었으나 잘 견뎌주었다. 큰 놈은 아빠가 다니던 대학에 합격해 부자 모두 동문이 됐고, 작은 놈은 입학하기 쉽지 않은 외국어 고교를 너끈히 들어가 주었다. 모두 고마웠다.

세 번째는 스스로에 대한 자신감이 생겨나고 있다는 점이었다. 대체로 사람들은 막상 오래 다닌 직장에서 나오면 방황한다고 하는데 나는 꿋꿋이 잘 견뎌낸 편이었다. 술에 만취하거나 감정이 격해지거나 자신을 학대하거나 일에 태만하거나 한 경우가 정말 손을 꼽을 정도다. 오히려 사무실에 나와 내 일생 통틀어 가장 열심히 일했다.

마지막으로 친구 관계를 재정립하고 회복할 수 있었다. 사회적 인정을 받던 자리에서 물러나니 인간관계에 대한 생각부터가 달라졌고 진짜 친구들이 내 곁에 남아 예기치 않은 도움을 주었다.

밝게 떠오른 2006년을 담담하게 맞이했다. 작년에는 씨 뿌리고 고난을 잘 견뎠다면 올해는 수확하고, 성숙한 삶을 만들겠다고 다짐했다. 올 한해 진력해야 할 인생의 목표로 세 가지를 정했다. '하나님께 더 가까이 다가선다' '인간관계를 훌륭하게 만든다' '성취를 위해 매진한다'

1월 말 설날 연휴 때 처음으로 며칠 쉬었다. 1년 만에 얻은 휴식이었는데, 긴장이 풀려서인지 연휴 내내 몸살을 지독하게 앓았다. 그동안 쌓였던 피로, 좋지 않은 기운 등이 몽땅 빠져나간 듯싶었다.

사실 매일 새벽이면 잠이 깼다. 한동안은 마음에 두려움이 가득해서 숙면을 취할 수 없었다. 자기 전까지 바짝 군기가 들어있던 내 정신 상태는 잠이 들면서 무의식 상태로 접어들면 서서히 풀리기 시작했다. 그리곤 잠재의식 하에 있던 불안, 두려움, 자책감, 미움 등 부정적 감정들이 먹구름처럼 퍼져 나오면서 나의 정신을 포위한 채 공격하고 윽박지르는 양태로 변했다. 그런 악몽의 시간들을 겪으며 난 새벽마다 잠이 깨곤 했다. 최근 몸살로 온 몸이 땀에 젖을 정도로 열이 나고, 오한의 시간을 보내는 와중에도 새벽공포는 어김없이 찾아왔다.

그런데 바로 연휴 마지막 날 새벽, 나는 참으로 오랜만에 기분 좋은, 유쾌한 꿈을 꾸었다. 나 자신에 대한 긍정적 추억, 과거에 대한 좋은 기억을 상기시키는 꿈이었다. 이날 꿈은 심리적으로 나와 자신 사이의 불화에서 전환점을 가져오는 상징적 사건처럼 느껴졌다. 잠재의식상에서 나는 언제나 형편없는 낙오자요, 속 좁은 인간이었다. 안티 세력이 나의 잠재의식을 지배하고 있었다. 그러나 이번 꿈은 잠재의식 속에서 나를 긍정하는 세력이 드디어 활동하기 시작했다는 점을 알려주었다. 내게 주어진 좋은 품성, 달란트, 선행 등으로 내가 잊어버린 나의 모습을 기억하게 해준 것이다.

나는 편협함으로 인해 여러 사람의 마음을 아프게 하거나 실망시킨 적이 많다. 아내의 병, 죽마고우들과의 갈등과 불화, 회사 선후배들과의 마찰, 부장 시절 부원들에 대한 엄한 행동, 외국 친구들과의 결별 등은 내 기억 깊숙이 쓰라린 상처로 남아 있다. 이것은 내가 힘들 때면 어김없이 뛰쳐나와 나를 더욱 초라하게 만들었다. 반대로 내가 잘될 때면 이곳저곳에서 투덜대며 불만을 토로해 결국 내 마음을 부정적으로 돌려놓았다.

그런데 이번 꿈은 내 안의 긍정적 세력의 출현을 알려주었다. 이제 내 정신과 마음속에는 이 두 세력이 공존해 서로 상충하거나 또는 타협하면서 보낼 것이다. 나는 어느새 스스로를 냉정하게 볼 수 있게 됐는지 모르겠다. 나의 감정을 크게 손상시키지 않은 채 나의 부정적 모습도 볼 수도 있고, 자연스럽게 나의 긍정적 모습을 인정할 수도 있을 것 같다.

이 세상에서는 스스로 지켜나가야 할 것과 싸워 쟁취해야 할 것들이 있다. 궁극적인 선을 위해서 나는 방어적이 될 수 있다. 질 수도 있고, 참을 수도 있고, 양보할 수도 있을 것이다. 반대로 공격적이어야 할 때도 있다. 싸움에서 이기고 획득해야 할 때도 있다.

"불행의 원인은 늘 나 자신이다. 몸이 굽으면 그림자도 굽으니 어찌 그림자 굽은 것만 한탄할 것인가! 나 외에는 아무도 나의 불행을 치료해 줄 사람이 없다"는 파스칼의 말처럼 자신의 문제는 자신이 풀어야 한다. 결국 스스로 헤쳐 나가야 하는 과제다.

  인생을 고맙게 만드는 것은 자신과 자신이 만들어 놓은 인간관계가 어떻게 조화를 이루느냐에 있다. 시련은 고마운 마음을 시험하기 위해 존재한다고 하니 삶을 긍정적으로 꾸려 나간다면 고맙지 않은 것이 있겠는가. 작은 것에도 고마움을 느끼고, 그 마음을 전달하다 보면 다시 내게로 고마움이 찾아온다.

  가까이에 있는 사람, 가족, 친구들에게 "고맙다"고 말해보라. 고마움을 느끼면서 그것을 표현하지 않는 것은 선물을 포장하고서 그것을 주지 않는 것과 같다고 하지 않는가.

## · 16 ·
## 준비된 사람에게 기회는 떠나지 않는다

기회는 자기계발서에서 다양한 사례들과 함께 다뤄지는 키워드 중 하나다. 기회를 가장 적절하게 표현한 것으로 자주 언급되는 것이 '기회의 신'이라 불리는 '카이로스'다. 카이로스는 결정적인 찰나의 시각, 즉 놓치면 다시 붙잡을 수 없는 기회의 시간을 의미한다. 그리스에는 카이로스 석상이 있는데, 카이로스의 생김새를 보면 앞머리에는 머리숱이 무성하고, 뒷머리는 대머리, 발에는 날개가 달렸다. 그 동상 아래는 친절하게도 생김새에 대한 이유가 새겨져 있다.

"앞머리가 무성한 이유는 사람들이 나를 보았을 때, 쉽게 붙잡을 수 있도록 하기 위함이고, 뒷머리가 대머리인 이유는 내가 지나가면 사람들이 다시는 붙잡지 못하도록 하기 위함이며 발에 날개가 달린 이유는 최대한 빨리 사라지기 위함이다. 나의 이름은 '기회'이다."

기회는 오는 줄도 잘 모르는 때가 많고, 오더라도 쉽게 잡을 수 없고, 온 것 같으면 어느새 사라진다는 것이다. 그러나 아무리 기회가 잽싸다고는 해도 준비된 사람에게서는 쉽게 도망치지 못한다.

처음부터 장기적인 계획을 가지고 홀로서기를 시작한 것은 아니지만 그동안 간절히 원했던 대로 나를 위한 투자를 하다 보니 2년차에 접어들면서 서서히 일거리가 생기기 시작했다. 우선 신학기에 대학 강의가 하나 더 늘었다. 다른 대학에서 기자들의 기사 작성법을 가르쳐달라는 것이었다.

내게는 어려울 것이 없는 내용이었다. 그동안의 경험을 바탕으로 국내외 교재 몇 권을 참조해 교안을 작성했다. 1학기가 총 16주 수업인데 매주 3시간 연속 강의다. 나는 약 10회 분량의 파워포인트 자료를 작성했다. 원고는 내가 쓰고 제작은 컴퓨터에 능한 학부 조교 학생에게 부탁했다. 지난해 칠판에 일일이 쓰는 강의에서 컴퓨터를 통한 스크린 강의로 진일보한 셈이다.

작년 강의를 시작한 대학에서도 강의는 계속 됐다. 지난번 성과가 괜찮았다고 내게 시간 강사가 아닌 겸임 교수 발령을 냈다. 나는 시간을 효율적으로 사용하기 위해 두 대학 강의를 같은 요일에 할 수 있도록 시간을 배정받았다. 월요일 오전 강의를 하고 오후에는 다른 대학으로 이동함으로써 쓸데없는 시간 손해를 줄였다.

학생들과의 관계는 좋았다. 나는 유머러스한 편은 아닌 대신, 성실하게 수업을 진행했다. 가능한 정확한 시간에 수업을 시작하고 출석을 자주 체크하는 편이었다. 쉬는 시간 없이 3시간 연속 강의를 하는 대신 종료 시간을 10~20분 앞당겨 주었다. 학생들의 피로를 감안해서 배려를 한 셈이다. 보충 자료는 대학 컴퓨터망을 통해 이메일로 대신했다.

학생들을 가르치며 오히려 배운 것은 상대에게 감정을 쉽게 노출시키지 말아야 한다는 점이었다. 일단 어느 학생에게 부정적 감정을 보이면 그 다음부터 그 학생은 마음의 문을 닫는다. 긍정적 감정 표현은 괜찮지만 특정 학생에게 너무 집중되면 편애한다는 오해를 받기도 쉽다. 그래서 불편부당不偏不黨, 다소 거리를 두고 객관적인 관계를 유지하는 것이 바람직하다는 것이 내 소견이었다. 더구나 의견 표현도 좀 더 절제가 필요했다. 단정적인 어투로 말하는 것이 학생들에게 거부감을 줄 수 있다.

나는 간간히 나를 다스리는 일로써, 혹은 정체되지 않기 위해 일기를 썼다. 내가 한 일이 스스로 마음에 들지 않을 때 일기와 마주하게 된다. 일기를 쓰다보면 내 행동을 돌아볼 수 있고 삶의 방향을 잡는 데 도움을 준다.

2006년 ○월 ○일

오랜만에 잠깐 여유 시간을 가지며 자신을 돌아보았다.
갑자기 괜히 감기에 걸린 듯 몸도 마음도 처질 때가 있다. 지난 월요일 강의가 그랬다. 특별히 학생들과의 감정이 좋지 않았던 것은 아니었다. 학생들의 태도도 좋고 강의 시간도 만족스러웠는데, 그날은 끝나고 괜히 마음에 뭔가 걸린 것 같았다.
내가 그동안 학생들에게 너무 내 주장을 거세게 한 것이 아닐까. 학생들이 '완고한 보수 아저씨'라고 느끼도록 하지 않았나 하는 생각이 날 괴롭혔다. 나는 여전히 사람 다스리기, 아니 내 마음 다스리기가 부족한 것이었다. 어제 저녁 이사 준비로 힘들어 하는 아내의 푸념을 너그럽게 받아들이지 못한 것도 다 그 때문이었다.
나를 다스리는 것은 필요한 일이나 그렇다고 나를 끝없이 바닥으로 내칠 수는 없다. 그래, 인간은 누구나 다 나처럼 번민하며 산다. 때론 명확한 이유가 있지만 때론 이유를 전혀 모르기도 한다. 문제는 그것을 어떻게 대처하느냐다. 심각할 때 심각해야겠지만 심각하지 않아도 될 사항을 가지고 심각해서야 되겠는가. 또 자신을 탓해야 할 때 해야지, 안개 낀 듯 구분하기 불분명한 상황에서 자신에게 자꾸 메스를 들이대거나 미적분 풀 듯 '분석'할 필요까지야 있겠는가. 그것은 도리어 더욱 자신감 결여, 자기 학대로 이어져 결국 남에 대한 미움 폭발로 이어지기 십상이다.

나를 객관적으로 바라보고 현명하게 대처하는 것이야말로 지금의 내게 가장 필요한 일이다. 타격의 달인 이승엽도 또는 그 누구라도 경기장에서 승리의 기쁨을 맛보기보다 지거나 실수하는 경우가 더 많다. 문제는 그것을 어떻게 보고 극복하느냐. 경기장에 들어가 위축되면 똑같은 실수를 반복할 뿐이다. 오히려 마음을 다스리고 극복하는 것이 관건이다.

무엇보다 자신을 파고들고 쥐어짜는 사고의 악순환에서 벗어나라. 자신을 휘청거리게 만들고 자신과 주위를 밉게 보는 파괴적 사고에서 벗어나라. 그리고 성찰하라.

오늘 아침에 일어나 아내에게 어제 일을 사과했다.

당초 신문사를 나온 이후 몇몇 언론사로부터 함께 일하지 않겠느냐는 제의를 받았으나 모두 거절했다. 당분간 어느 조직에도 몸담고 일하지 않겠다는 원칙을 지키기 위해서였다. 언론계 선배 한 사람이 인터넷 신문을 창간했다. 그는 비상근으로 주필 직을 제의했다. 일주일에 한 번 본인 기명 칼럼을 쓰고, 매일 나가는 객원 필자들의 칼럼을 손봐달라는 것이었다. 사무실에 자주 나올 필요는 없고, 시간 날 때 한 번씩 나와 기자들과 대화를 해달라는 제의라 나는 수락했다.

하루는 국가정보원 직원으로부터 전화를 받았다. 국정원 근무 직원들의 연수교육을 담당하는 부서 관계자였다. 내용인 즉 국정원 현역 직원들에게 '사회현상을 진단하고, 상부에 보고하는 법'에 대해 강의해 달라는 것이었다.

나 역시 주제가 흥미롭게 다가왔다. 평소 신문기자의 역할이 수많은 사건과 현상 중에서 뉴스를 찾아내서 이를 적절하게 기사화하는 것이다. 그런 면에서 기자와 정보원은 비슷한 일을 한다. 차이점이라면 기자는 공익을 위해 개방적으로 일하는 사람인 반면 정보원은 국익을 위해 폐쇄적으로 일하는 사람이다. 둘 다 뉴스(정보)를 캐내는 일과 이를 효율적으로 보도(보고)하는 일이 주업이다. 강의 대상자는 근무 5~15년차로 한창 현장에서 뛰는 사람들이었다. 강의 시간은 4시간, 한 달에 한 번씩 해달라는 것인데, 역시 응낙했다.

신문기자 시절 나는 정보원들의 세계에 관심이 많았다. 한 국가를 보위하는 데는 관리, 외교관, 군인, 경찰관도 필요하지만 음지에서 나라를 위해 싸우는 정보 기관원들의 활동도 아주 중요하다. 특히 냉전시대 미국 CIA, FBI 등과 소련 KGB, 영국 MI5, MI6, 이스라엘 모사드, 일본 내각조사국 등의 정보활동을 열심히 연구했다. 미국에서 근무하던 시절에는 아예 주제를 정해놓고 FBI 요원들을 만나 이야기를 들었다. 워싱턴 D.C. 근교에 있는 CIA는 규칙상 언론인의 출입을 금지하고 있어 관련 자료를 우편으로 넘겨받아 읽어보곤 했다.

나는 한국의 정보기관이 과거 독재정권의 하수인 역할도 했고 인권 침해 논란도 있었지만 동서냉전이 첨예했던 한반도 분단 및 지정학적 상황에서 나름대로 순기능 역할도 많이 했다고 생각한다.

평소 알고 있는 지식과 경험, 그리고 소장한 책자들을 중심으로 4시간짜리 강의안을 만들었다. 강의는 괜찮았다. 내 스스로가 정보활동과 정보기관의 메커니즘을 파악하고 있는 터라 강사와 연수자 간에는 무언의 교감이 형성됐다.

나는 강의를 통해 당시 정권의 부동산 정책에 대해 비판했다.

"부동산 투기를 없애는 방법 중에는 부동산에 투자할 돈줄을 죄어야 한다. 그런데 이 정권의 부동산 대책은 문제가 많다. 부동산 투기가 서울 강남 사람들이나 이른바 '가진 자'들에 의해서 이뤄진다고 하면서 정작 돈줄은 풀어놓아 평범한 사람들도 부동산 투기에 가담케 만들고 있는 셈이다.

우선 은행들의 대출 현황을 보자. 과거에는 기업 대출이 가장 컸는데 지금 은행 대출의 53%가 부동산 담보에 의한 일반인 대출이다. 바로 이 대출금이 부동산 투기 자본으로 변질되고 있는 것이다. 자기가 소유한 아파트나 땅을 담보로 돈을 얻어 부동산을 사 차익을 얻는 방법이다. 은행에 예금하고 이자율을 챙기는 것보다 집을 담보로 대출을 받아 부동산을 사두는 것이 더 이익이 되는 세상이다. 그런데도 정부는 엉뚱한 데다 칼질을 하고 있다.

또 하나는 정부의 토지 보상에 따른 보상금 지급이다. 정부는 세종시를 비롯해 전국 곳곳에 혁신 도시다 뭐다 하며 토지를 수용하고 그 대가를 주민들에게 나눠주고 있는 정책을 동시다발적으로 하고 있다. 토지 보상금을 받고 고향을 잃은 주민들은 그 돈으로 다시 부동산을 산다. 이런 것이 땅값을 더욱 부추기고 있는 것이다."

당시 정권에 비판적인 강연을 했는데도 국정원은 매달 강의 요청을 해왔다.

국방부 산하에 국방홍보원이란 기구가 있다. 과거 친하게 지내던 언론사 후배가 원장 직을 맡고 있었다. 하루는 그 친구가 전화를 하더니 "국방부 대변인 직 생각이 없는가?"라고 물었다. 국방부 출입 기자를 할 당시 국방부 대변인 직이 얼마나 고달픈 자리인지 나는 잘 알고 있었다. 더군다나 나는 그 자리에 적합한 인물이 아니었다.

"지금 정권의 국방·대북·대미 정책과 내 생각과는 간격이 너무 넓어. 그런데 내가 내 시각과 철학을 버리고 국방 정책의 입노릇을 한다면 그게 잘 되겠어? 이 정권으로 보나, 내 개인으로 보나. 설령 생각이 맞는다고 하더라도 나는 응할 수 없어. 당분간 난 이렇게 혼자 살기로 했으니까."

그는 며칠 뒤 다른 제의를 해왔다. 국방홍보원이 운영하는 매체 중 '국군TV'라는 케이블방송이 있는데 이 중 인터뷰 프로그램을 하나 맡아보지 않겠느냐는 것이었다. 오히려 그 제안이 흥미로웠다. 프로그램명은 '성공하려면 군에 가라' 였는데, 현재 사회에서 성공한 인물들을 출연시켜 그들의 군 복무시절 경험이 사회생활에 큰 도움이 됐고 지금 성공의 밑거름이 됐다는 것을 군 장병들에게 보여주는 매우 건전한 프로그램이었다.

일주일에 30분짜리인데 나는 사회를 맡아 인터뷰를 진행하는 역할이었다. 뜻밖의 방송 입문이었고 나름 재미가 있었다. 기사를 지면에 써서 내 주장을 알리는 신문과 달리, 방송은 내 모습과 말을 방송에 드러냄으로써 나를 표현하는 영역이다. 신문 기사는 오로지 기사 내용이 중요하지, 기자의 외모 등은 고려 대상이 아니지만 방송 진행은 그 내용과 함께 출연자들의 외양이 매우 중요하다. 용모, 표정, 자세, 화술, 억양, 발음 등에서 세세한 주의가 필요했다.

방송 출연을 하려면 분장실에서 먼저 얼굴과 머리 등을 다듬는데, 분장사가 도와주었다. 옷은 내 것이 아니라 협찬사에서 빌려온 옷을 입었다. 미리 대본을 보고 상황을 머릿속에 그리며 내용을 숙지했다. 그래야 진행 대본을 보지 않고 자연스럽고 편안하게 진행할 수 있었다.

나는 사람들 앞에 나서서 이야기하는 것을 별로 꺼리지 않는다. 내가 하려는 이야기를 자연스럽게 하는 편이다. 그래서 방송 일을 처음 해보지만 아주 어렵지는 않았다. 난생 처음 방송 사회를 맡던 날, 방송 관계자들은 내가 당황할까 봐 대사를 적은 큰 종이를 카메라 뒤에 들고 서 있었는데 그럴 필요는 없었다. 대본을 보지 않아도 멘트가 자연스럽게 나왔다. 간혹 NG는 났지만 특별히 어렵지 않게 프로그램을 진행했다.

나의 생활은 재미있게 흘러갔다. 본연의 글 쓰는 일 외에 대학 강의, 강연, 텔레비전 방송 진행, 인터넷 신문 참여 등을 하면서 일주일은 점차 빠르게 지나갔다. 만나는 사람도 많아지고 저녁 약속도 늘면서 나름 생활 궤도가 진척돼 나갔다.

프리랜서의 세계는 자기가 스스로 할 일을 선택할 수 있다는 점에서 매력적이다. 어떤 조직의 논리나 위계질서에 구애받지 않고 자기가 하고 싶은 일을 다양하게 추구할 수 있다는 장점이 있다.

물론 조직의 힘이 뒷받침되지 않으니 모든 것을 개인 역량으로 해결해야 한다. 때로 힘들 때도 있지만 앞서 얘기한 자유, 다양성 측면을 고려해 보면 프리랜서도 매력적인 직업임에 틀림없다. 다만 자기만이 내세울 수 있는 전문성이나 콘텐츠를 스스로 갖고 있어야 한다.

조직으로부터 독립해서 홀로서기를 하려면 프로페셔널한 자세가 필요하다. 프로페셔널은 자기의 강점을 바탕으로 지식을 구축하여 성과를 내는 사람을 말한다. 단순히 열정만으로 치열한 경쟁에서 살아남기에는 너무 힘든 세상이다. 그런 점에서 프로페셔널은 경쟁력이자 무기이다.

또한 자유로운 전문가로서 혹은 직장인으로서 자신의 꿈을 펼치려면 자기 자신을 브랜드화 해야 한다. 자신의 경쟁력을 강화하기 위해서는 평소 자신의 분야에 대한 끊임없는 연구와 최고의 전문가가 되려고 노력해야 하는 것은 당연한 일이다. 더불어 철저한 자기관리도 필요하다. 자기를 다스리는 법과 주변 관리를 잘하는 것도 본인의 가치를 높이는 일이다. 이렇게 준비된 사람에게 기회가 쉽게 떠나겠는가.

## · 17 ·
## 실패는 배움의 여정에서 만나는 이정표다

우리는 때때로 스포츠 선수들을 통해 불굴의 정신을 엿본다. 그 선수가 어려운 관문을 뚫고 승리를 해서가 아니라 끝까지 포기하지 않는 정신을 보여주기 때문에 더 감동하는 게 아닐까. 나는 특히 2008년 베이징올림픽에서 역도 선수였던 이배영 선수를 잊을 수 없다. 그의 주 종목인 용상에서 1차 시기에 갑자기 다리에 쥐가 나 실패를 했다. 그리고 이어진 2차, 3차에서도 부상 투혼을 발휘했지만 바벨을 들지 못했다. 그러나 넘어지는 순간까지 바벨을 놓지 않았던 그는 불굴의 투지를 보여주었다. 비록 노메달에 그치고 말았지만 지켜보던 국민들은 누구도 그를 실패자로 바라보지 않았다.

미국에서 목회를 하고 있는 로버트 H. 슐러는 "실패는 당신이 아무것도 성취하지 못했다는 것을 의미하지 않는다. 당신이 무엇인가 새로 배웠음을 의미할 뿐이다"라고 말했다. 실패란 성공의 어머니라고 하듯 도전한 그 자체로 의미가 있는 것이다. 한 번 실패했다고 해서 좌절할 필요는 없다. 실패를 자신에 대한 새로운 도전의 기회로 삼는다면 더 이상의 패배는 없을 것이다.

드디어 '한강의 기적'을 주제로 한 책이 완성됐다. 《나의 심장은 코리아로 벅차오른다》라는 첫 책이 탄생하기까지 우여곡절도 많았지만 결국 세상에 빛을 보게 됐다. 지난해 4월부터 시작했으니 만 1년이 걸린 셈이다. 한 차례의 무산이 없었다면 벌써 서점에 진열되었을 상황인데, 세상사가 뜻대로만 되는 게 아니었다. 그래도 2006년 독일 월드컵을 앞두고 출간이 되는 것도 의미 있는 일이었다.

6월 독일에서 열리는 월드컵 전에 출간할 것을 목표로, 편집 작업은 초스피드로 진행됐다. 책의 콘셉트를 '애국'으로 잡았는데, 지난 2002년 서울월드컵 때 시청 앞과 광화문 광장을 메운 수십만 인파의 활기찬 거리 응원 문화를 재현하고 애국심에 불을 지피기 위함이었다. 이번 월드컵 때 우리가 바라는 해외원정 1승을 한다면 국민들은 열광할 것이며, 만약 16강에 포함된다면 '코리아 넘버 원' 붐은 더 커질 것이었다.

출간을 앞두고 나는 출판기념회를 생각했다. 내가 다소 '과격한 방법'으로 회사를 나온 이상, 내 진의를 오해를 하는 사람도 적지 않았다. 또 지난 1년 반 동안 대다수 사람들을 거의 만나지 않았기 때문에 이 기회를 빌려 오해도 풀고 다시 만나는 자리를 만들고 싶었다.

그런데 초대받은 사람들이 과연 얼마나 올지 걱정됐다. 내가 회사를 나왔다는 그 자체만으로도 평소 가까운 지인들 일부로부터 냉대를 받았다. 그만큼 홀로서기는 쓰라린 것이었다. 그런데 내가 출판기념회를 한다고 하면 사람들이 와줄까? 세상 민심은 결코 호락호락하지 않은데, 출판 기념장을 빌리고 왕래 없이 썰렁하다면 무슨 망신일까? 생각은 점점 복잡해졌는데, 그럴수록 해답은 대개 부정적이거나 비관적이었다.

'오늘은 오늘 일만 생각하고, 한 번에 모든 것을 하려고 하지 않는 것, 이것이 현명한 사람의 방법이다'라고 했던 세르반테스의 말처럼 생각의 꼬리를 끊고 나를 다그치듯 결론을 내렸다.

지난 50년간의 내 인생에 대해 그렇게 자신 없는가. 수많은 세월을 지내며 만난 사람들 중에 기념회장을 채워줄 수백 명의 사람조차 갖고 있지 못하단 말인가. 잡다한 생각을 끊고 기념회를 해

라. 그래서 지인들에게 내 진정한 의도와 지난 1년 반 동안의 노력을 보여주자. 만일 기념회장에 사람이 없다면 그것 또한 교훈으로 삼자. 남은 내 생애동안 열심히 노력해 기념회장을 채울 지인들을 많이 만들자.

생각의 가지를 치고 나니 다시 힘이 생기기 시작했다. 출판기념회장은 한국프레스센터 20층 국제회의장으로 예약했다. 500~1,000명까지 들어갈 수 있는 대규모 회의장으로, 보통 대통령 후보 기자 회견이나 대규모 실내 집회를 할 때 이용되는 곳이다. 이왕 하려면 큰 규모로 준비하여 그동안 나와 벗했던 사람들이 얼마큼 오는지도 보고, 내가 인생을 그렇게 허투루 살지는 않았음을 증명해 보이고 싶었다.

날짜는 책이 발간되는 즈음에 맞춰 5월 29일로 잡았다. 6월로 넘어가면 월드컵 축구 시즌으로 이어지기 때문이다. 생전 처음 해보는 출판기념회 준비 작업도 간단한 일은 아니었다. 초청할 대상 선정과 주소록 작업, 초청장 만들기, 행사 진행 프로그램, 진행자와 참가자 섭외, 프로그램 브로슈어 만들기 등 한두 가지가 아니었다. 또 행사장 시설 설치, 당일 안내 요원, 뷔페 식사 및 음료 대접도 치밀하게 준비해야 했다.

나는 편안하게 즐길 수 있는 잔치판 분위기를 만들기 위해 행사 끝난 후 뷔페 식사 외에 '뒤풀이'도 계획했다. 행사장 뒤편 돼

지갈비 집을 빌려 원한다면 누구나 흥겹게 한잔 할 수 있는 자리를 마련한 것이다. 따로 직원을 두지 않은 터라 여러 사람들이 준비 작업에 동참해 주었다. 직장 동료, 동창, 친구 회사 직원들, 여러 사람들이 팔을 걷어붙이고 도와줘서 준비는 순조롭게 진행됐다.

출판기념회는 성공적이었다.

당초 300명 정도 참석을 예상했는데 방명록에 사인한 공식 집계만 500명을 넘어섰다. 방명록에 사인하지 않았거나, 참석 대신 화환이나 축하 전문을 보냈거나, 당일 부득이한 사정으로 오지 못해 별도로 만난 사람들 숫자까지 헤아리면 약 1,000명 정도가 다녀간 것으로 짐작됐다.

나는 가족적 분위기를 만들기 위해 행사 순서에 가족 인사 순서를 넣었다. 그래서 어머니, 아내, 아들, 딸이 청중에게 인사하는 시간을 만들었다. 보통 출판기념회 축사는 이 사람 저 사람 나와 두서없이 이야기하는 바람에 산만하고 지루해지기 십상이다. 나는 총 시간을 30분 내로 잡고 모든 것을 사전 각본에 입각해 치렀다. 출판기념회에는 정말 다양한 분야의 여러 사람들이 와주었는데, 분위기도 화기애애했고 진행도 깔끔했다는 평을 들었다.

나도 예상치 못한 반응이었다. 그동안 쭉 죽어 있던 내면의 자아에 힘이 실리는 것 같았다. 좀 더 어깨를 펴고, 힘을 내고 살라는 무언의 격려로 생각됐다. 그날 나는 뒤풀이에서 친구들을 비롯하여 많은 지인들과 오랜만에 격의 없이 어울리고 흥겹게 술을 마셨다.

신문에서 내 책은 호의적으로 다뤄졌다. 같은 언론계 출신이라는 데 따른 동료 의식과 한국인과 한국 사회를 긍정적이고 따뜻한 눈으로 다루려고 했다는 것에 점수를 줬다. 물론 당시 정권과 사회 전반적 분위기는 한국과 한국 현대사에 부정적 견해가 많았지만 말이다.

출판기념회는 성대하게 잘 치렀는데 문제는 책이 얼마나 팔리느냐는 점이었다. 나는 떨리는 마음으로 책의 판매 추이를 살폈다. 원래 베스트셀러 여부는 대개 출간 후 일주일 내 판가름 난다고 했다. 내 책의 경우 첫 일주일 반응은 중간 이하였다. 일부 매스컴에서 호의적으로 써주었는데도 불구하고 판매에 큰 영향을 미치지 못했다.

나는 속이 타들어갔다. 내가 책을 통해 성장할 수 있다는 사실을 만천하에 알려야 한다는 조급함에 괴로웠다. 단기적 승부를 통해 빨리 전세를 만회하겠다는 욕심에 사로잡혀 있었던 것이다.

첫 책이라 그만큼 기대가 컸고, 신문사에서도 어느 정도 홍보를 해준 셈이니 당장이라도 베스트셀러 순위에 오를 거라고 기대했다. 한동안 책이 얼마나 팔렸는지 인터넷 서점을 뒤적이고, 직접 대형서점에 가서 서성거리며 분위기를 파악하기도 했다.

그러나 책 판매량은 신통치 않았다. 그저 재판 만드는 수준이라 출판사 측도 당황했다. 가장 답답한 사람은 물론 나였다. 매일 사무실 주변 대형 서점에 들러 판매 수준을 살폈으나 신통치 않았다.

사무실에 우두커니 앉아 있으니 마음이 휑하니 빈 것 같고, 쓰라리기 이를 데 없었다. 마치 처음 사무실을 내서 앉아 있을 때 기분과 다를 바 없었다. 처음부터 다시 시작해야 하나. 지난 1년 반 생활이 주마등처럼 스치고 지나갔다. 사실 다시 반복하고 싶지 않은 인고의 시간이었다. 그렇다고 나의 모험과 시도가 이대로 주저앉을 수밖에 없나.

그러나 이대로 물러설 수는 없었다. 절대로. 만약 여기서 물러선다면 이는 내 선택 자체를 부정하는 셈이요, 그동안 내가 가졌던 삶에 대한 회의, 존재 가치, 해결 방법을 부인하는 것이 된다.

"아, 여러분 미안했습니다. 제가 좀 착각을 했나 봅니다. 저는 이제부터 '상식'에 맞게, 도전하지 않고 그냥 그렇게 살겠습니다"라고 해야 되나. 아니면, "여러분 저는 참 한심한 놈입니다. 제가 추구하는 방식과 방향은 옳은데 제가 참을성이 부족합니다. 능력이 부족해서 결국 실패하고 말았습니다. 앞으로 남은 한평생, 그저 저를 못난 놈이라고 자학하고 회한하면서 살겠습니다"라고 해야 하나.

'인간은 패배하지 않는다. 다만 파괴될 뿐이다.'

나는 어니스트 헤밍웨이가 추구한 행동주의 문학의 한 구절을 다시 떠올리며 속으로 생각했다.

'그래, 결코 포기하지 말자. 운명의 힘이 나를 파괴시킬 수는 있어도 내가 스스로 포기하거나 졌다고 인정하지 말자. 다시 시작하자. 다시 책을 쓰기로 하자.'

내 기대와 달리 원하는 만큼의 만족을 얻지 못했다손 치더라도 나는 패배한 것이 아니었다. 또 다시 시작하면 되는 것이었다. 나는 매일 출판사 사람이나 신문기자들을 만나 토론을 벌였다.

"비소설 분야에서 베스트셀러를 써야 하는데 무엇을 쓰지?"

"신문기자 경험을 최대한 살릴 수 있는 내용이면 좋을 텐데…"

"지금은 소프트파워 시대야. '유연함이 강인함을 이긴다.'는 콘셉트는 어떨까?"

"시대적 메시지를 전하는 것이 베스트셀러가 되기 쉽지. 과거 5공 독재시대 때 《배짱으로 살아라》(이시형 저)는 책이 베스트셀러가 됐었지. 여행자유화·국제화 시대가 되면서 《세상은 넓고 할 일은 많다》(김우중 저)가 대박을 쳤고, 90년대 베스트셀러 이면우 교수의 《W이론(신바람이론)》이나 전여옥의 《일본은 없다》, 이명박의 《신화는 없다》도 모두 당시 시대 상황에서 듣고 싶은 이야기나 변화의 바람을 소개하는 책이었기 때문에 히트를 친 것이지. 시대적 공감을 불러일으키는 책이랄까."

"지금 독자가 갈구하는 주제는 무엇일까. 마음, 공감, 감성을 자극하는 그런 것 아니겠어!"

많은 사람들이 의견을 주었다. 그중 공감이나 감성이 지금 이 시대에 필요하다는 것과 젊은이들이 갈구하는 것에 중점을 두어야 한다는 것은 충분히 이해할 수 있었다. 나 역시 그런 주제로 책을 만들고 싶다는 생각이 들었다. 그러나 그것은 치밀한 기획과 자료 수집이 필요한 장기 프로젝트였다.

한창 조바심에 사로잡힌 나로서는 지금 상황에 필요한 책을 당장 써서 성공시키는 것이 목표였다. 참 무모한 생각이지만 나는 지금 당장 무언가에 몰입해 가장 짧은 시간에 결과물을 얻고 싶어 했다. 조금만 여유를 가져도 좋았겠지만 당장 눈에 보이는 성과에 매진하고 싶었다.

고민하던 끝에 한국과 일본의 비교를 이야기 형식으로 쓰기로 결정했다. 알다시피 일본은 얼마 전까지만 해도 한국이 따라잡을 수 없는 나라라고 생각했는데, 21세기 들어 상황은 달라졌다. 한국의 삼성전자 제품이 일본 소니를 따라잡기 시작했고, 한국의 대중가요나 드라마가 일본 시장을 석권하는 현상이 벌어졌다. 한국의 야구가 일본 야구를 이기는가 하면 아시아에서 동계 스포츠의 지존至尊인 일본의 피겨스케이팅을 한국이 능가하는 일도 벌어지고 있었다.

나는 이 흐름을 한국인의 감성적 기질과 일본인의 이성적 기질의 차이에서 풀어보고 싶었다. 기자 시절부터 가깝고도 먼 나라인 한·일 간 차이점이 어디에서 기인하는 것인지 관심을 갖고 있었기 때문에 자료 수집이나 내용 전개 면에서는 큰 어려움은 없었다.

한국에서 자라고 한국회사에 다니는 한국인 샐러리맨 A씨와 한국 회사에 고문으로 나와 있는 일본인 B씨 간에 생긴 스토리를 통해 양국의 차이를 보여주겠다고 방향을 정했다. 가제목은 '한국인과 일본인', 또는 '모범생 일본이 불량 학생 한국에게 질 수밖에 없는 이유 10가지' 등으로 설정해 놓았다.

7~8월 두 달간 이 책을 쓰는 데 온전히 몰입했다. 주로 저녁 시간을 비워 두고 사무실에 틀어박혀 책을 썼다. 주말에는 아예 심산유곡 산장으로 들어가 밥 먹고, 운동하고, 잠자고, 씻는 시간을 제외하고는 종일 책을 썼다. 이런 식으로 집중하면 엄청난 속도와 효율을 얻을 수 있었다. 평소와 똑같은 일상생활 속에서 몇 달 걸릴 작업이 단 며칠간에 이뤄졌다.

물론 평일에는 내가 쓴 책, 《나의 심장은 코리아로 벅차오른다》의 판촉 활동과 강연을 병행했다.

2개월 만에 완성한 원고 '한국인과 일본인'. 내 원고라서 그런지 참으로 재미있고 성공 가능성이 높을 것 같았다. 그래서 기대만

만하게 출판사 측에 원고를 전해주었다. 그러나 내 기대와 달리 출판사측은 'NO'라고 답변했다. 지금 시대 상황에서 일본과 한국을 굳이 견주는 일 자체가 별로 의미 없을 것 같다는 답이었다. 당초 기획할 때는 재미있다고 수긍한 터인데도 말이다. 입맛이 썼다.

그런데 놀라운 점은 내가 전혀 위축되거나 실망하지 않았다는 사실이었다. 이미 여러 번 쓰라린 실망의 시간을 경험하다 보니 익숙해진 것인지도 모른다. 예전 같으면 거절을 당할 경우 매우 실망한 나머지 좌절하고 흔들렸을 텐데 지금은 전혀 위축되지 않는 자신을 발견했다.

'좋다. 다시 하자. 겁낼 것도 없고, 실망할 것도 없다. 성공할 때까지 하자.'

어느 새 긍정적인 생각이 내 마음을 지배하고 있었다. 나는 이제 습관적으로 마음의 평정을 찾을 수 있게 된 것이다. 일종의 '회복탄력성Resilience'이라고 할까. 어려운 상황이 와도 자신을 잃지 않고 희망과 낙관의 정신으로 다시 도전하는 자세가 내게도 생겨난 것이다. 바로 이것이 내가 직장을 나와서 벼랑 끝에 서면서 진정으로 바란 것이 아닐까. 베스트셀러 작가가 되는 것보다 더 중요한, 절실한 깨달음이 바로 이런 것이 아닐까. 진정한 '사람'이 된다는 것 말이다.

이탈리아 영화 〈인생은 아름다워〉는 내가 좋아하는 영화이기도

하고 살아가는 동안 꼭 봐야할 명화로 추천할 만하다. 1998년 칸 영화제(심사위원상), 1999년 아카데미상(남우주연상, 음악상, 외국어영화상)을 수상하기도 했다. 제2차 세계대전 때 독일 나치의 유대인 대학살을 풍자한 영화로, 주인공 귀도가 나치의 유대인 수용소에 함께 끌려간 아들 조슈아가 비참한 현실을 알지 못하도록 수용소에 갇힌 것이 게임이라고 속이며 보호하는 내용이다.

정말 가슴을 울리는 따뜻한 영화였다. 위대한 아버지이자 남편인 귀도는 비록 자기 스스로를 지켜내지는 못했지만, 사랑하는 사람들을 지켰고, 그 사람들이 자신의 사랑을 한평생 가슴속에 품고 살 것을 알았기 때문에 죽음 앞에서도 두려워하지 않았다. 영화는 귀도를 통해 희망과 긍정으로 사는 것이 얼마나 위대한 것인지 알려주었다.

신경정신과 의사였던 유태계 오스트리아인 빅터 프랭클은 제2차 세계대전 때 유태인 수용소인 아우슈비츠에서 살아남았다. 그는 일가친척이 모두 죽어가고 자신도 언제 죽을지 모르는 두려운 상황, 인간이 살아갈 수 없는 지독한 환경 속에서도 긍정적인 마음가짐과 삶의 의미를 잃지 않고 견뎌냈으며 종전 후에는 '로고테라피 logotherapy(의미치료)' 라는 심리 치료 이론을 만들어 세계적인 정신의가 됐다.

죽을 만큼 괴로운 시간이 오더라도 희망과 긍정을 잃지 않는 것이야말로 지금 이 시대에 필요한 불굴의 정신이 아닐까. '인생의 가장 큰 영광은 결코 넘어지지 않는 데 있는 것이 아니라 넘어질 때마다 일어서는 데 있다'고 말한 넬슨 만델라는 남아프리카공화국 최초의 흑인 대통령이자 흑인 인권 운동가다. 종신형을 받고 2년여 간을 복역했지만 흑인의 권리를 위해 자유와 희망을 외친 그는 대통령에 당선됐다. 그의 불굴의 정신이 빛나는 것은 자신을 억압한 이들에게도 화해와 관용의 손을 내밀었기 때문이 아닐까.

4장

# 마흔이
# 내게 준
# 선물

## ·18·
## 낮아져라, 더욱 낮아져라

우리 속담에 '벼는 익을수록 고개를 숙인다'는 말이 있다. 알곡이 많이 맺힐수록 벼가 고개를 숙이는 것은 당연한 법, 지식이 높고, 지위가 높을수록 겸손해져야 한다는 말이다. '물은 깊어질수록 고요해진다'는 말도 같은 의미다. 옛사람들은 겸손이 중요하다는 것을 늘 강조했던 것 같다. 겸손해진다는 것은 바로 자신을 낮출 줄 안다는 것이다. 나를 낮춘다고 해서 진정 내가 낮아지는 것은 아니며, 오히려 스스로를 높이면 높일수록 낮아지는 법이다. 자신을 낮추고 상대방을 높이는 것은 굴욕이나 비겁이 아니라 진정 공감하고 화합하기 위함이다.

어느새 2년이 흘렀다. 급작스럽게 회사를 떠나 마치 모든 것을 팽개친 모습으로 오해를 받으면서 홀로 지낸 지 만 2년. 통장의 잔고는 줄고, 앞으로 생활에 대한 보장도 없는 상태지만 난 많은 것을 얻었다. 비록 바라던 책의 성공은 이뤄지지 않았지만 나는 자기 자신과의 싸움에서 지지 않았고, 오히려 승리의 기쁨을 누렸다. 과연 이게 내 모습일까 할 정도로 열심히 세상을 살았다.

그 안간힘과 각고刻苦의 시간 속에서 나는 내 자신과 화해하는 법을 배웠고, 나 자신이 꽤 괜찮은 인간임을 발견했다. 자신과의 관계가 좋아지자 바깥 세계가 눈에 들어왔다. 세상에는 힘든 사람들이 많았고 나는 그런 사람들에 비해 매우 행복한 사람이란 것을 깨달았다.

이전에 비해 생활이 어려워진 상황이었지만 수입의 일정액을 떼어 의미 있는 곳에 사용하기 시작했다. 기독교에서 얘기하는 수입의 10분의 1을 떼어서 내는 '십일조 헌금'도 정확히 지키지는 못했어도 노력했다. 이런 행동은 전에 없던 일이었다. 과거에도 불우한 사람을 돕겠다는 생각은 했지만 바로 지금, 내가 해야 된다고는 생각하지 못했다.

주위에서 스쳐지나가는 사람에 대한 나의 태도도 바뀌기 시작했다. 우편배달부, 퀵서비스 직원, 빌딩 경비원, 택시 기사, 식당

종업원…. 과거에는 무심코 대했던 사람들, 때로 짜증도 내고, 실수에 대해 싫은 소리도 하고, 상대방이 인사를 해도 내 마음이 바빠 무심코 지나친 적이 많았다. 그러나 지금은 그들에게 조심스럽게 대한다. 혹시라도 그들에게 마음의 상처를 주지 않았는지 되돌아 생각해 본다. 지난 2년간 작은 마음의 상처를 많이 입었기 때문이다. 상대방의 심드렁한 전화 응답, 모른 척 지나치는 태도에서 나는 아픔을 느꼈다. 내가 시선을 낮추고 보니, 그들의 마음에 공감할 수 있었다.

2년 전 회사를 나왔을 때 한 친구가 내게 책을 권했다. 유진 피터슨의 《다윗 : 현실에 뿌리박은 영성》이었다. 책은 구약성서 최고의 영웅이자 유태인들이 가장 존경하는 인물인 다윗 왕에 대한 기록이었다. 그가 10대 소년 때 거인 골리앗과 싸워 이겼을 때부터 마침내 왕이 돼서 온갖 영광과 풍파를 겪다 죽는 날까지의 일대기를 재미있게 서술했다.

사람이 힘들면 종교 서적도 손에 잘 잡힌다. 단숨에 내리 읽었는데, 특히 감명 깊었던 부분이 7편에 등장하는 '광야'였다. 다윗이 자신이 모시던 사울 왕으로부터 박해를 받아 숨어 있던 시절 이야기다. 책 속에 등장하는 광야는 아름다움과 위험, 그리고 자연 그대로의 단순성과 예측 불가능이 존재하는 공간이다. 7편의 주제는 '사람이 되려면 광야로 나가라'는 것이었다. 다시 말해 의미 있는 삶을 살고 싶다면, 광야에 나가 자신을 정리하고 깨달음을 얻으라는 것이다. 그래야 의미 있는 인간으로 재탄생할 수 있다고 말한다.

물론 저자는 신앙적인 메시지를 전달할 목적으로 이 책을 집필했다. 다윗이 사울 왕을 피해 어쩔 수 없이 광야에서 지내는 동안 기도를 통해 진실된 하나님을 깨닫고 그와 더불어 가는 삶을 택했다는 내용이다.

세속적인 내게는 지금 내 처지와 맞는 이야기로 해석됐다. 알다시피 광야는 문명 생활에 익숙한 현대인들에게는 자연 그대로 인식된다. 불빛도 없고 전자 기기도 없으며 인적도 드문 황량한 벌판, 숲속, 산길 등이다. 도시에 사는 우리는 어쩌다 여름휴가로 시골에 내려가 허허벌판을 홀로 거닌다든가, 홀로 산속에 텐트를 치고 야영을 할 때 자연 그대로를 느끼곤 한다.

그때 고독, 불안, 초자연적 존재에 대한 예감 등을 인식하면서 '아, 우리 인간은 참 하찮은 존재구나'라는 지극히 평범한 진리를 깨닫는다. 만약 칠흑 같은 어둠에 번개를 동반한 폭풍우를 접하거나, 갑자기 산속에서 멧돼지 같은 짐승과 단둘이 조우하게 되면 공포감은 극대화될 것이다.

자, 우리 모두 홀로 한밤중 광야에 있다고 생각해 보자. 처음에는 무섭고 아무 것도 보이지 않지만 점차 적응이 된다. 본능이 살아 움직인다. 더불어 신성함, 거룩함에 대한 감각도 생겨난다. 인간과 동물 외에도 뭔가 신성하거나 초자연적인 존재가 있어 만물을 주관할 수 있게 된다는 것을 느낄 수 있다.

책에서는 다윗과 다른 시대를 살아가는 우리 역시 광야로 내던져질 수 있다고 말한다. 그것을 '상황적인 광야'라고 표현했다. 모든 것이 순조롭게 풀리고 있다고 생각하는 순간 도무지 이해할 수 없는 일들이 발생한다. 신체, 감정, 사고, 친구 혹은 직업에 급작스런 변화가 생겨 광야에 내던져지는 것이다.

나는 이 책을 읽으면서 숨이라도 막힐 듯, 깜짝 놀랐다. 바로 내 얘기였기 때문이다. 글에 묘사된 상황 하나하나가 바로 지금 내가 겪고 있는 현실이었다. 왜 나는 하루아침에 직장을 나왔는가, 나 역시 설명하기 어려웠지만 그럴 수밖에 없었다. 왜 나는 스스로 은둔과 유배의 '나 홀로'의 삶을 택했는가, 그것 역시 잘 모르겠지만 그렇게 선택할 수밖에 없었다.

책에서처럼 갑자기 닥친 변화에 제 정신을 잃는 때가 생긴다는 것, 도저히 이해할 수 없지만 내면의 격한 감정에 휩쓸리며 전에는 생각지도 않았던 질문들이 생겨나는 것을 나 역시 경험했다.

내 인생을 통틀어 이렇듯 황당한(?) 결정을 이토록 쉽게 내린 적이 없었다. 하지만 나는 광야로 나가야 한다고 생각했고, 그곳이 바로 외롭고 힘든 '상황적 광야'였다.

처음에는 정말 끔찍했다. 첫 발을 내딛을 때만 해도 그래도 괜찮은 곳이라고 생각했다. 그런데 내 생각과 많은 것이 어긋나기 시작하면서부터 서서히 두려움이 찾아왔다. 어쩌면 내가 세상에서 잊힌 인물로 아무 존재감 없이 살아가게 되는 것은 아닐지 두려웠지만, 이내 나는 그 두려움을 경계했다. 살아남기 위해서는 마음을 곧추세워야 했다. 지금 이 시간들이 내게 큰 의미를 가져다 줄 거라고 믿었다.

지난 2년간 '상황적 광야'에서 살아오면서 또 하나 체험한 것이 있다. 바로 내 마음 깊숙이 숨겨져 있던 '분노하는 어린이'를 발견한 것이다. 누구나 다 그렇지만 내게도 몇 가지 성격적 결함이 있다. 그중 하나가 성을 잘 낸다는 점이다. 남이 보면 별거 아닌 일을 가지고 순간적으로 화를 내거나 감정을 표출하는 경우가 있다. 평소에 대범하고 인간적으로 행동하다가도 아주 사소한 일에 성을 냈다.

나도 이유를 몰랐다. 그 순간이 지나면 언제 그랬냐는 듯이 평상으로 돌아온다. 원래 나는 성격상 남을 미워하거나, 감정을 품고 지내거나, 오래 대립하는 데 익숙지 않다. 흔히들 성격적 결함이라고 말하는 질투심, 열등감, 의존적 태도, 의심, 외로움, 이중인격 같은 것은 내게 적은 편이다. 그런데 유독 화를 잘 낸다. 그래서 나를 오해하거나 오랫동안 감정을 품고 나를 싫어하는 사람들도 있었다.

나도 이런 내가 싫었다. 아내나 친구들은 무던한 성격이라 이를 이해하고 받아주지만 세상 사람들 모두가 그런 것은 아니지 않는가. 지난 2년간 이런 내 모습을 극복해야겠다고 생각했다.

인간은 누구나 성공과 행복을 추구한다. 그러나 성공과 행복 중 한 개를 택하라면 나는 후자를 원한다. 행복하지 못한 성공보다 성공은 못했어도 행복한 삶을 원한다. 나는 사회에서 출세하고 성공했다는 많은 이들을 만났다. 그들은 모두 행복한가? 아니다. 그들 상당수는 행복하지 못했다. 끊임없이 기득권 유지에 조바심을 냈고, 더 높은 곳으로 가는 사다리에 오르려고 안달을 냈다. 가족이나 주변 참모들로부터 사랑을 못 받으면서도 자신의 평판이나 사회 지도층에 있는 사람들의 반응에는 지나치게 민감했다.

반면 흔한 경우는 아니지만 성공하면서도 행복한 이들도 있다. 이들은 동료들로부터 평판이 좋고 가족 관계도 좋다. 자식들이 꼭 똑똑하지는 않더라도 신실하고 아버지를 따른다. 이들의 특징은 무엇보다 내면과 잘 조화돼 있다는 점이다. 자신을 잘 통제하고, 느긋하게 즐길 줄도 알고, 개방적이며 유연하다. 즉, 자신의 원칙에 철저하면서도 겉으로 나타내지 않고 다른 사람에게 강요하지 않는다. 자신의 원칙을 주장하더라도 상대방이 부담스럽지 않게 여기도록 만든다. 그리고 대체로 겸손하다. 자신을 낮출 줄 알고

양보할 줄 안다.

　나는 내면의 조화를 통해 성공과 행복을 이룬 사람들의 노하우는 공감 능력에 있다고 본다. 공감이란 남의 입장이나 처지를 잘 이해해 주는 능력을 말한다. 공감 능력이 뛰어난 사람은 또 남을 설득시킬 수 있는 능력도 갖고 있다.

　인간들의 모든 관계는 바로 공감에서 비롯된다. 훌륭한 대인관계, 교육, 비즈니스, 리더십의 기초에는 공감이 존재한다. 남으로부터 공감 받지 못하거나, 남을 공감할 수 없는 사람은 결코 행복할 수도, 성공할 수도 없다. 공감이야말로 행복과 성공의 초석이요 지름길이다.

　정신과 전문의 이무석이 쓴 《30년만의 휴식》은 공감에 관해 시사하는 바가 크다. 성공이 모든 것을 보장할 것이라는 생각 하에 일로 매진하는 30대 주인공이 어느 날 마음의 세계를 경험하면서 평안과 자유를 얻었다는 이야기다.

　내가 주목한 점은 저자가 인간의 의식과 무의식 중 무의식의 세계에 좀 더 집중하는 데 있었다. 자기 마음이면서도 자기가 모르는 마음이 무의식이다. 또한 그 무의식의 세계 중 상당 부분이 유년 시절의 추억, 특히 가족과의 관계에 있다고 보고 있는 데 대해 공감했다.

　잘나가는 중견기업 임원인 주인공 '휴'는 인간관계가 어렵고,

행복감을 느낄 수 없는 인물이다. 그의 무의식에는 그를 쫓는 아버지가 있었다. 엄격한 아버지는 형을 편애했는데, 어렸을 적부터 '휴'는 아버지의 사랑을 받기 위해 온갖 노력을 기울였다. 그의 무의식 중에는 '항상 엄격한 아버지' '아버지로부터 사랑받지 못하는 어린이'가 존재하고 있었다. 이런 무의식이 결국 사회에서 '성공하지 못하면 끝이다. 아버지는 나를 외면할 것이다'라는 생각으로 집중돼 자신과 주위를 극단적으로 몰아붙이는 '냉혹한 상사' 휴를 만들어갔던 것이다. 결국 의사와의 심리치료 끝에 휴는 그런 무의식 세계의 억압적 구속에서 벗어나 정상적인 행복을 누리고 있다.

저자가 실제로 정신 상담을 한 내용을 중심으로 소개한 책이라서 여러 유형의 인물들이 나왔다. 우리 내면에는 아직 크지 못한 유년 시기의 어린이들이 존재해 그것이 끊임없이 성인인 나의 생활을 지배한다. 책 내용 중 '성난 아이'에 대해 다룬 것이 흥미로웠다.

캐나다 멕길 대학의 정신과 교수인 다반루 박사는 "인간의 문제는 결국 분노와 이에 따르는 죄책감 때문에 생기는 것"이라고 했다. 그가 비디오를 통해 보여준 임상치료 장면은 극적이고 인상적이었다. 30대 회사원 환자는 유년기에 폭력적이고 억압적인 아버지 밑에서 자랐다. 그의 무의식에선 아버지에 대한 적개심이 엄청났다. 그는 이것을 의식하지 못한 채 사회생활을 시작했고 현실에 적응하지 못해 우울증 환자가 돼 버렸다. 매사 남에게 자신이 없어 굴종적인 자세를 보이다가 때로는 자기도 모르는 적개심이나 분노를 표출했다. 그러던 그가 심리 상담을 통해 무의식 세계를 지배하고 있는 '성난 어린이'의 실체를 끄집어내고 이를 인식하면서 비로소 정상적인 삶을 되찾게 된다.

이 부분에서 나는 나에게 존재하는 '성난 어린이'의 실체를 파악하고 싶었다. 바쁜 현실에서는 자기 존재에 대한 탐험이 쉽지 않지만 나처럼 '상황적 광야'에 나와 있는 사람에게는 가능했다.

누구에게나 자신만의 어린 시절이 있다. 그 경험이 현재의 나를 발전시키기도, 또한 억압시키기도 할 것이다. 두 살 때 아버지를 잃은 나는 아버지에 대한 기억이 전혀 없다. 당시 어머니께서는 25세로 명문학교를 나온 인텔리 신여성이었다. 조부모께서는 어머니에게 재가를 권하셨는데, 대신 손자는 대를 이어가야 하기 때문에 조부모께서 양육을 맡았다.

그래서 나는 조부모 손에서 자랐다. 내게는 아버지와의 추억도 없었지만 어머니 품안의 기억도 없다. 그저 어쩌다 집에 오시는 어머니를 타인 보듯 멀찍이 쳐다보고 수줍어하곤 했다.

조부모는 나를 과잉보호하셨다. 당시 이미 장성한 아들을 둘이나 잃어버린 데서 손자인 나마저 큰일 나면 안 된다는 심리에서였다. 나는 마음껏 뛰어놀아야 할 어린 시절을 집에 갇혀 지내듯 했다. 이웃집 아이들이 부모님 품안에서 재롱떨며 나들이 가는 것을 항상 멀찍이 바라보곤 했다.

돌이켜보면 유년의 기억은 어두운 편이다. 아주 어렸을 적 나는 아무도 없는 방안에 혼자 누워 두려움과 외로움에 마구 울었다. 그러나 아무도 들어오지 않았다. 아마도 자고 있으니 눕혀놓고 모두 나간 모양이었다. 나는 늘 외로웠다. 조부모님의 사랑을 듬뿍 받으면서도 마음 한구석은 허전했다. 때로 마음이 심란할 때는 다락방에 들어가서 울었다. '아마 내가 나쁜 아이라서 아빠, 엄마가 없는 걸 거야'라고 생각하면서 눈물을 훔쳤다.

내 마음 속에도 '성난 어린이'가 자라고 있었다. 그 성냄은 '훙'처럼 아빠도, 그렇다고 엄마도 아니었다. 그 성냄은 그저 내 운명에 대한 것이었다. 어떻게 할 수 없는 운명 말이다.

그 점에서 나는 일견 현명했다고 본다. 어린 마음에도 아버지의 죽음은 사고로 어쩔 수 없는 것이었고, 어머니의 재가도 이해가 됐다. 젊고 아름답고 뛰어난 지성까지 겸비한 어머니가 평생 수절하고 지내야 된다는 것은 말이 안 된다. 어머니가 나를 데려가지 않은 것도 이해가 된다. 어머니는 나를 데려가고 싶었지만 할아버지, 할머니가 용인하지 않으셨다. 아들 둘을 다 잘 키워놓고도 잃어버린 두 분에게는 내가 유일한 희망이었기 때문이었다.

비록 아버지를 사고로 잃는 운명에서 모든 것이 비롯됐지만 이후 벌어진 일은 대체로 해피엔딩이었다. 어머니는 재가한 후에도 늘 내게 사랑과 관심을 쏟아주셨다. 나는 어머니의 아픔을 이해하고 있었다. 아버지는 영원한 나의 '롤모델'이다. 청소년 시절 나는 아버지를 참으로 그리워했다. 아버지의 품, 아버지의 사랑, 아버지의 체취까지 모든 것을 그리워했다.

할아버지, 할머니의 사랑은 지금 나를 버티게 해준 원천이었다. 그분들은 정말 무한한 사랑을 내게 주셨다. 비록 내가 부모님 없이 자랐지만 결코 열등감이나 질투심을 갖게 되지 않은 것은 이분들이 듬뿍 사랑을 주셨기 때문이다.

바로 이런 시절을 거쳐 나는 비교적 순탄하게 성장했지만 마음 한구석에는 '성난 어린이'가 존재했던 것이다. 그렇다고 그 어린이는 정신과 치료를 받아야 할 만큼 문제가 큰 것은 아니었다. 그 어린이는 운명적인 현실은 직관적으로 받아들였다. 다만 감성적으로 무엇으로 참을 수 없는 허전함, 즉 부모님의 정서적 체취와 상황적 관계를 가져보지 못한 사람으로서, 유년시절 추억의 성난 어린이는 남아 있었던 것이며 그것이 나도 모르는 분노와 성으로 표출됐던 것이다. 사회적으로 '까칠한 성격의 소유자' '직선적 성격의 소유자'로 보이면서 말이다.

'휴'를 읽으면서 나는 내 마음 속의 '성난 어린이'를 달래기 시작했다. 나는 그 어린이를 이해하고 사랑한다. 그러나 더 이상 어린이로 남아 있어선 곤란하다. 점차 나 역시 유년기의 어두운 추억에서 벗어나기 시작했다.

  한참 아이들을 키울 때 '눈높이'라는 말을 자주 들었다. 부모가 부모의 생각대로만 자녀들을 이끌지 말고 자녀의 생각에 맞춰야 한다는 교육법을 말한 것이다. 아이의 마음을 알려면 아이의 눈을 보고 대화를 해야 하는 것은 당연하다. 그래야 아이의 마음을 읽을 수 있고, 아이의 마음에 공감할 수 있게 된다. 아이의 눈과 높이를 맞추려면 키가 큰 부모는 자세를 낮춰야 한다.

  공감한다는 것은 내가 상대방의 입장이 되어 상대방의 마음과 생각을 느끼고 이해한다는 것이다. 마찬가지로 상대방이 내게 공감한다면 혼자라는 고립에서 벗어날 수 있게 된다. 공감은 개인의 사고의 틀과 성향에서 벗어나 다른 이의 것을 수용할 여유를 지니게 한다. 또한 인간관계에 있어서 공감은 상대방에게 설득력을 가질 수 있다. 그리고 세상은 혼자가 아니라 더불어 살아간다는 것을 배우게 된다.

· 19 ·
내게 찾아온
일곱 가지 변화

"변화는 우리 사회를 쥐고 흔드는 가장 강력한 힘이지. 대부분의 사람은 그것을 두려워하지만 지혜로운 사람은 두 팔 벌려 그것을 환영한다네. 항상 새로운 사고에 마음의 문을 열어두는 사람, 항상 자신의 잔을 비워두는 사람은 언제나 보다 높은 성취의 문에 도달할 수 있네."

로빈 S. 샤르마의 《나를 찾아가는 여행》 중에서 나온 글이다. 시대에 뒤처지고 삶에 대한 대응력이 떨어져 변화하는 현실에 적응하지 못하고 있다면 인생의 실패자로 남을 확률이 높다. 행복해지고 싶다면 스스로 변화하는 힘이 필요하다. 변화의 중심에 서서 조금씩, 조금씩 나를 바꾸어 나간다면 꿈은 현실로 이루어진다. 변화를 두려워하지 말고 당당히 맞서 자신의 인생 항로를 변화시키고 세상을 바꿔보라.

"과연 내가 할 수 있을까?"

처음 홀로서기를 하면서 나는 내 자신을 믿지 못했다. 마치 큰 포부라도 있는 듯이 오랜 직장을 박차고 나왔지만 정말 내가 원하는 것을 성취할 수 있을지 의문이 들고 불안하기도 했다. 그러나 내 안의 또 다른 나를 발견하고, 서로 대립하고 화합하면서 서서히 나를 변화시켜 나갔다. 그래서 지금의 나는 예전의 나면서 또한 새로운 나이기도 하다. 나는 이제 내 자신을 믿기 때문이다.

"나는 할 수 있다!"

이것이 나의 변화이다. 홀로 세상에 나와 나는 참으로 많은 변화를 가져왔다. 내가 만든 변화의 힘, 바로 이것이다.

**첫째, 나를 긍정적으로 보다**

나는 늘 내가 못마땅했다. 나의 내면에선 항상 나를 놓고 격렬한 여야 대립이 벌어졌는데 대부분 야당이 승리했다. 내 행동이나 생활과 사고를 놓고 나를 스스로 분석하곤 했는데 결론은 부정적으로 끝나는 경우가 많았다.

내가 잘하고 있을 때는 "언제 또 실수하는 것은 아닐까?"하고 불안해 하고 "너의 지금 모습은 가식적이고 위선적이야" 하며 자기비하의 모습을 보였다. 객관적으로도 못마땅하게 행동할 때가 많았다. 방황이 시작된 사춘기 이후에는 "거봐, 역시 넌 문제가 많아" 하며 나를 존중해 주지 않았다.

그러나 지금은 스스로를 긍정적으로 보게 됐다. 지난 2년간의 시기를 잘 견딤으로써 나에 대한 믿음이 커져갔다.

"자기를 찾겠다고 나온 것도 용기 있는 행동이야."

"그동안 꿋꿋하게 버텨줘서 든든하다."

"어려울 때 곁에 여러 사람들이 지켜준 걸 보니 인복人福이 많아."

"생각대로 일이 풀리지 않더라도 낙담하지 않고 다시 해보겠다는 자세가 됐어."

이렇듯 나의 내면에선 나를 긍정적으로 바라보고 좋은 평가를 내리는 상황으로 바뀌었다. 야당보다 여당이 많아 진 셈이다.

나의 심리상태는 종종 꿈을 통해 반영된다. 예전만 해도 늘 꿈자리가 편하지 않았다. 앞서 말한 대로 내가 회사를 나온 뒤 1년쯤 뒤 처음으로 기분 좋은 꿈을 꾼 적이 있었다. 긍정적인 과거 기억이 꿈을 통해 반영되면서 나는 오랜만에 내면의 활기를 되찾았다. 그로부터 다시 1년 후인 2006년 12월 말, 나는 통쾌한 꿈을 꾸었다. 1년 전의 기분 좋은 꿈 정도가 아니었다.

내가 전에 다니던 회사의 사장으로 복귀한다는 내용이었다. 꿈 속에서 나는 회사 내에서 스스로 '강등'을 고수했고 당당하게 견디어냈다. 나를 싫어하거나 비딱하게 보는 사람들에 대해선 아예 생각하지 않았다. 그저 무시했고, 과거처럼 분석하거나 연연해 하지도 않았다. 내 주변을 회사 사람들이 둘러싸며 "저 사람이 나중에 사장으로 온다"고 수군거렸다.

그쯤에서 깨어났는데 그렇게 통쾌할 수가 없었다. 실현 여부와 상관없이 드디어 내가 심리적 위축감에서 벗어나고 있다는 생각에 기뻤다.

**둘째, 인간관계가 편해지다**

나에 대한 긍정적 생각은 자연스럽게 나를 둘러싼 사람들과의 관계에도 영향을 미쳤다. 서로 편하게 지내게 되고 남을 의식하지 않게 됐다. 예전에는 내 스스로와 불편한 관계이다 보니 고스란히 남과의 관계도 불편했다. 내면의 갈등과 감정을 감추려다 보니 항상 '저 친구가 나를 어떻게 생각할까? 비난하지 않을까? 무시하지 않을까? 내 말에 지루하지 않을까?' 하고 끊임없이 자신의 모습을 의식했다.

그러나 어느 순간부터 남의 시선이나 이야기에 덜 구애받는 자신을 발견하기 시작했다. 나로부터 자유스러워진 것이다. 2년간의 '나 홀로 시간' 속에서 많은 사유思惟가 오히려 나와 남과의 경계선을 허물었다. 나를 의식하지 않다 보니 나는 보다 자연스럽게 행동할 수 있게 됐다.

나에 대해 집중하면서 제대로 나를 찾는 시간이었다. 글을 쓰면서 나는 왜 글을 쓰게 되었는지 깊이 생각했고, 사무실을 지키면서 나는 왜 홀로 이 광야 같은 곳을 지키고 있는지 생각했다. 다른 사람들과 단절된 시간만큼 내 자신에게 충실했다. 진정 나로부터, 내 안의 지독한 부정적인 감정, 고집스런 '나'로부터 자유롭고 싶었다.

내가 왜 그동안 내 자신과 불화를 겪게 되었는지 내 무의식을 이해하면서 나도 조금씩 스스로에 대해 자유를 얻을 수 있었다. 나를 속박하고 있는 닫힌 나로부터 벗어나는 순간 내 안의 평화가 찾아온 것이다. 그리곤 그 평화를 다른 사람들과 나눌 수 있었다.

내가 편해지니 사람들을 대하는 것이 한결 편해졌고, 이전과 다르게 감정을 통제하며 가까이 다가갈 수 있게 되었다.

**셋째, 행복하다는 생각이 자주 든다**
당신은 언제 행복을 느끼는가.
상사로부터 일 잘한다는 칭찬 듣고, 승진하고, 좋은 차를 사고,

멋진 아내를 얻고, 출세 가도를 달릴 때 행복한가. 천만에! 그것은 일회성이다. 상사로부터 칭찬보다는 꾸지람을 들을 때가 더 많은 게 현실이다. 승진을 밥 먹듯 할 수는 없다. 좋은 차도 마찬가지다. 멋진 아내도 살다보면 지겨워질 수 있다.

행복은 어떤 목표가 달성되고 욕구가 충족돼야 찾아오는 마음의 단계가 아니다. 행복은 마음의 상태다. 행복을 받아들일 수 있고, 행복을 느낄 수 있는 마음의 준비가 된 사람만이 얻을 수 있는 축복이다. 마음의 상태가 마련되지 않은 사람에게 행복은 찾아오지 않는다. 아무리 돈을 잘 벌어도, 아무리 유명해도, 매일 주지육림 속에 빠져 있어도 행복은 찾아오지 않는다. 할리우드의 잘나가는 스타들의 몰락을 봐도 자명하다.

언제부터인가 나는 행복한 사람이 돼 가고 있었다. 우선 작은 일에서부터 기쁨을 느꼈다. 아내의 따뜻한 미소 속에서, 아이들의 편안하게 자고 있는 얼굴을 보면서, 싱그러운 봄날 아침 공기를 마시면서, 만원 지하철에서도 독서에 열중하는 학생을 보면서 나는 기쁨과 행복감을 느꼈다. 폼 나고 멋진 식당이 아니더라도 친한 친구와 설렁탕 뚝배기 한 그릇과 소주 한 병을 놓고 마실 때 행복이 느껴졌으며 그런 행복을 느끼는 자신을 보면서 또 행복이 느껴졌다.

행복은 평정한 마음의 상태다. 차갑지도 뜨겁지도 않은, 흔들리지도 않고 편안하며 고요한 마음의 상태, 그런 평정이 찾아오면 행복을 느낀다. 이는 곧 마음의 평상심과 같다. 평상심을 가질 때 행동에서 실수하지 않고 판단에서 그르치지 않는 제대로의 것이 나온다.

작은 일에서도 기쁨을 느끼고 마음의 평상심을 유지하면서 행복을 느낌에 따라 난 행복한 사람이란 생각을 자주 하게 됐다. 나를 둘러싼 외적 상황과 관계없이 말이다.

### 넷째, 일에 몰두하게 되다

이제 며칠씩 종일 일에 몰두한다고 해도 힘들지 않고, 잡념도 들지 않는다. 일단 내게 필요한 일이라고 생각하면 집중하게 되고, 주어진 시간 내에 마치려고 한다면 노력을 배가하게 된다.

과거에는 몇 시간도 버티지 못하고 중간에 딴전을 부리기 일쑤였으나 지금은 나를 내 스스로 관리하고 통제한다. 아마도 나를 벼랑 끝에 몰고서 단련한 효과 덕인 것 같다. 내가 목표로 정한 이상 이젠 일이 즐겁다. 때로 힘들기도 하고 목표에 미달되는 경우가 있더라도 나는 즐겁다. 도전 자체를 즐기기 때문이다. 헤밍웨이의 '태양은 다시 떠오른다' 는 말이 내게는 진리다.

### 다섯째, 눈에 보이지 않는 세계를 믿다

앞서 광야에서 살다 보면 초자연적인 세계를 믿게 된다고 했다.

나 역시 '상황적 광야'에서 살다보니 과거보다 신실信實해지게 됐다. 앞날이 불투명하니 자연히 절대적 존재를 의지하게 되고 간구하게 된다. 돈독한 신앙심이 생기는 것이다. 그 간절함 속에서 신을 믿고 경외하고 의지하게 된다.

"뜻이 있으면 길이 있다."

간절히 바라면 성취한다는 이 말에 전적으로 동감한다. 《생각의 탄생》이란 책에서 라이트 형제가 비행기를 발명한 계기는 '사람은 날 수 있다'는 생각에서 비롯된 것이라고 했다. 간절히 바라고, 생각하게 되면 결국 성취하게 되는 법이다.

나는 눈에 보이지 않는 세계를 믿는다. 우리가 열심히 노력하고 간절히 바라면 신의 섭리가 작용한다고 본다. 반대로 우리가 남을 속이고 자신을 속여 못된 짓을 한다면 결국 벌을 받는다는 인과응보도 믿는다. 하여튼 내 인생의 독립을 통해 나는 좀 더 신실해지고 신앙심이 좀 더 깊어진 것이 사실이다.

**여섯째, 남을 배려하게 되다**

나는 사람들에 대한 배려가 적었다. 아마도 내 스스로에 대해 불편하다 보니 남을 신경 쓰지 못한 것 같다. 그러나 이제는 다르다. 내 스스로와의 문제에서 어느 정도 벗어나다 보니 자연스럽게 외부 세계에 대해 주의력이 늘었다.

그러다 보면 매사가 섬세하게 느껴졌다. 택시 기사의 말투에서도 그 사람의 마음 상태가 파악되고, 경비 아저씨의 표정에서 그 사람의 마음 상태를 읽게 됐다. 나도 어려운 시절을 보낸 만큼 힘들게 사는 분들에 대해서는 말 한마디라도 조심하게 됐다. 작은 일이라도 도움을 주고 싶은 마음이 들었다.

나이가 들수록 작은 일에도 감격하게 됐다. 그런 섬세한 마음 때문에 다른 사람을 이해하고 배려하게 된 것이다. 다른 사람을 대하는 마음의 태도가 달라졌다는 것으로도 그들의 마음에 한층 다가가는 것임을 알게 됐다.

**일곱째, 두려움이 적어지다**

난 늘 불안과 두려움 속에서 나를 괴롭히는 일이 많았다. 누가 날 흉보지 않는지, 내일 해야 할 일을 제때에 못하는 것은 아닐지, 모든 일이 걱정됐고, 스스로 불안을 키웠다. 불안이 깊어지던 어느 날은 늦은 밤길 골목길을 지나면서도 두려움이 몰려오는 걸 느꼈다.

지금은 나로부터 많이 해방된 탓인지 불안감이 적어졌다. 'Don't worry. Be happy'란 노래 가사가 말해주듯 의식적이라도 걱정을 덜 하려고 한다.

눈에 보이지 않는 세계를 믿다 보니 도리어 하늘이 지켜준다는 생각에서 든든할 때가 많다. 천상병 시인의 시처럼 '우주에서 가장 든든한 백이 하나님인데 내가 무엇을 두려워하겠나?'라며 여유를 갖게 됐다.

내게 찾아온 이 많은 변화들은 결코 저절로 온 것이 아니었다. '죽기 아니면 까무러치기'라는 말이 있듯이 갈등의 순간마다 나를 벼랑 끝에 세우고는, 나 자신에게 "죽을래? 변화할래?"라고 몰아붙이듯 변화를 선택했다. 우선 내가 살기 위해 변화가 필요했다. 왜? 변화를 선택하지 않으면 벼랑 밑으로 떨어지는 일만 남았으니, 살기 위해 변화하지 않을 수 없었다.

그리고 무엇보다 이전의 나로 살기에는 스스로 너무 힘들고 괴로웠다. 40년 넘게 나를 억누른 짓궂은 내 안의 나와 대결 구도에 설 수밖에 없었다. 2년의 시간 동안 아주 치열하게 싸웠다. 이제 나는 조금씩 변화하기 시작했다. 그리고 이제는 변화의 힘을 믿는다. 아리스토텔레스의 말처럼.

"오늘 내가 죽어도 세상은 바뀌지 않는다. 하지만 내가 살아있는 한 세상은 바꾼다."

· 20 ·
# 광야로 나가
## 스스로 이기는 법을
### 배우다

"왜 산에 오르는가?" 산을 좋아하는 사람들, 특히 세계 최고봉에 도전하는 사람들에게 흔히 하는 질문이다. 영국의 등반가 조지 말로리는 "산이 거기에 있기에Because it's there"라는 답을 했다. 그에게 산은 그 자체로 도전이라는 것을 말하고 있다. 그는 그 말을 한 다음해인 1924년 에베레스트를 오르다 실종됐고 75년이 흐른 1999년에야 시신이 발견됐다.

우리나라의 대표적인 산악인 엄홍길도 크게 다르지 않다. 그는 정상에 올랐다는 결과보다는 오르는 과정이 더욱 중요하다고 강조하는 산악인이다. 그리고 "도전만이 우리를 살아있게 만들며, 끝없이 도전하는 세상에 절망은 없다"는 것이 그가 산에 오르는 이유였다.

인간으로서는 감내할 수 없는 극한의 상황과 싸우며 생사의 경계선을 수없이 넘나들면서도 험준한 산을 오르는 이유는 바로 우리네 인생길도 그와 다르지 않기 때문일 것이다. 그들이라고 안온한 삶을 살고 싶지 않았겠는가. 그러나 달콤한 인생의 열매는 저절로 맺어지는 것이 아니라는 걸 알기 때문에, 스스로 획득한 가치의 소중함을 알기에 오늘도 그들은 죽음을 무릅쓰고 도전한다.

인간이라면 누구나 행복한 삶을 꿈꾼다. 그런데 이 행복이란 것을 스스로 느끼는 것이 아니라 남에게 비쳐지는 외형적인 형태로 여기는 경우가 많다. 풍요를 행복이라고 여기는 것처럼 어리석은 생각은 없다. 풍요가 곧 행복이라고 느낀다면 현실에 안주한들 누가 뭐라 하겠는가. 문제는 스스로 만족하는가에 있다.

그러나 인생이란 그리 만만하지 않다. 예측할 수 없는 히말라야 주변의 날씨와도 같은 것, 현재 날씨가 맑다고 해서 언제까지 유지되리라 장담할 수 없다. 언제라도 살을 에는 강추위와 헤어날 수 없는 눈사태를 맞이하게 되는 순간이 오는 법이다. 인생의 여러 풍파에 대처하는 법은 사람마다 다를 수 있다. 허나 누구에게나 한 번 뿐인 인생이라는 점은 다를 바 없다.

자, 이제 당신은 인생의 고난을 맞이하여 과감히 광야로 나설 준비가 됐는가?

누구에게나 고난이 온다는 것을 잊지 마라. 그 고난을 극복하지 못하면 사회에서 도태되거나 자신과의 싸움에서도 패배자로 남게 될 것이다. 그러나 두려워할 필요는 없다. 시련은 견딜 수 있는 만큼만 온다. 고난을 경험으로 삼아 성공을 위한 발판으로 딛고 재기하면 된다. 시련은 오히려 새로운 기회가 될 것이다.

세계적으로 이름을 날린 유명 운동선수들 상당수가 어린 시절 병약하거나 왜소했다. 그러나 그것을 극복하기 위해 불철주야 애쓰다 보니 '강한' 인간이 됐다.

"1%의 희망만 있다면 나는 달린다"고 말한 랜스 암스트롱은 양아버지 밑에서 불우한 어린 시절을 보냈다. 세계 사이클 선수권 대회 우승을 하여 세계적으로 각광을 받던 그는 1996년, 25세의 나이에 고환암 진단을 받았다. 암세포가 폐와 뇌까지 침투한 탓에 생존 확률이 40%도 안 됐지만 고환 한 쪽을 잘라내고 뇌를 절단하는 대수술을 거친 끝에 다시 일어섰다. 그러나 선수로서는 다시 뛸 수 없는 상황이었다. 암스트롱의 운동 능력은 일반인 수준에도 못 미쳤으니 말이다. 그러나 그는 자신의 상황에 굴하지 않고 다시 사이클을 타기 시작했고, 1999년에 세계 최고의 권위를 자랑하는 '투르 드 프랑스' 사이클 대회에서 우승을 거머쥐었다. 이후

7년 연속 우승을 하며 최다 연속 우승이라는 신기록을 세웠다.

"고통은 순간이다. 결국 고통은 사라지고 다른 게 그 자리를 차지하기 마련이다. 하지만 내가 중도에 포기하면 고통은 영원히 지속된다."

미국 사이클 황제이자 암 투병 승리자가 된 암스트롱은 고통 받고 있는 이들에게 희망을 전해주는 메시지가 됐다.

18세 때 세계 최연소 복싱 챔피언에 올랐고 26세 때 세계여자 프로복싱 5대 기구 통합 챔피언에 등극한 김주희. 그녀는 어려서부터 악성 빈혈에 시달렸고 쉽게 부러지는 '닭뼈'였다. 게다가 몇 대만 맞으면 통통 부어오르는 연약한 피부를 가졌지만 그 모든 핸디캡을 딛고 세계 정상의 자리에 섰다.

'젊음과 열정'의 상징인 미국 제35대 대통령 존 F. 케네디 역시 어려서부터 병마에 시달린 허약한 신체의 소유자였다. 그러나 그는 평생 약을 입에 달고 살면서도 강인한 정신력으로 이를 극복해 '멋지고 용기있는' 정치가로 전 세계 사람들에게 각인됐다.

세계적인 역사가 아놀드 토인비는 "인류 역사는 도전과 응전應戰의 역사"라고 말했다. 그의 말은 진리다. 도전은 외적인 고난, 역경이며 응전은 그것을 극복해 내는 내적인 힘이다. 고난이 없는 곳에는 극복도 없고, 극복이 없다면 개선과 발전도 없다. 세계

문명의 발상지 4군데는 모두 우기 때가 되면 강이 범람하고 큰 수재가 나는 지역이었다. 그러나 강이 범람하면 땅은 더욱 윤택해지는 법이다.

과거 고승들은 현실 세계와 내적인 갈등을 빚어 아예 현실 세계와 인연을 끊어버렸다. 그리고 산중 암자에서 또는 광야에서 처절하게 수양을 쌓았다. 대다수 범인(凡人)인 우리는 세상에 부딪히며 살아간다. 우리의 광야는 내 집일 수 있고, 마음일 수도 있으며 내가 잘 가는 산이나 새로운 직장, 새로 꾸린 사업일 수도 있다. 광야로 나가라는 말은 현실과의 단절을 의미하는 것이 아니다. 새로운 환경과 세계에서 자기 자신을 이겨내라는 것이다.

광야로 나와서 부딪칠 모든 일, 예컨대 며칠씩 허기에 굶주리거나 사나운 맹수를 만나거나 낭떠러지에서 굴러 떨어질 수 있다는 것을 감수해야 하며 그 모든 상황을 운명적으로 받아들일 준비가 돼 있어야 한다. 그조차 내가 책임지고 가야 할 내 인생이기 때문이다.

광야로 나온 이상 더 이상 후퇴할 곳은 없다. 고생은 사람을 단련시킨다. 'No pain, No gain'이란 말처럼 고통 없이 이룰 수 있는 것은 아무것도 없다. 행운은 때로 험상궂은 얼굴로 다가올 수 있다. 그래도 아직 광야로 나설 자신이 없는가?

현실이 너무 불만스럽고, 지치고 힘들어도 그것을 버티는 '인

내심'이 있는데 왜 그 현실을 뛰쳐나가 새로운 삶을 모색하는 '용기'는 없단 말인가. 자기 삶을 진지하게 생각한다면, 내 인생을 새롭게 개선시키고자 하는 의욕이 충만하다면 우리가 무엇인들 도전하지 못할 이유가 없지 않은가.

"길이 가깝다고 해도 가지 않으면 도달하지 못하며, 일이 작다고 해도 행하지 않으면 성취되지 않는다."

중국 문명에 심원한 자취를 남긴 순자荀子의 말이다. 그는 인성은 태어날 때부터 악한 것이고 선善은 후천적으로 배양되거나 교화된 것이라는 성악설을 주장한 학자다. 그는 사람은 태어날 때부터 이익과 여색과 편안함을 좋아하고 일하기를 싫어하는 등 생리적인 각종 욕망을 가지고 있다면서 '운명을 인력으로 극복할 수 있다'고 주장했다.

이제 광야에서 부딪치고 깨지며 스스로 이기는 법을 배우는 것도, 그리하여 꿈을 이루는 것도 당신의 몫이다.

• 21 •
몸과 마음을
끊임없이
단련시켜라

"몸과 마음을 단련시킬 때는 쇠를 단련하는 것처럼 100번씩은 해야 한다. 조급하게 성취하려고 하면 큰 수양을 할 수 없다. 일을 할 때는 무거운 화살을 쏘는 것처럼 해야 한다. 가볍게 일을 시작하면 큰 공을 세우지 못한다."

《채근담》에 나오는 말이다. 다이아몬드는 장인이 숙련된 손길로 끊임없이 다듬었기에 빛나는 것이고, 훌륭한 칼은 장인들이 좋은 쇠를 불에 달구어 두들겨 편 후에 접기를 여러 번 반복해서 만들어진 것이다. 마찬가지로 자신을 끊임없이 단련하는 사람만이 명품 경력을 완성한다.

세상에 저절로 이루어지는 것은 없다. 그만한 수고와 노력 끝에 성과가 나는 법이다. 사람도 마찬가지다. 태어나면서부터 성공하는 사람, 위대한 사람이 되는 것이 아니라 자신을 갈고 닦는 무수한 노력이 있어야 가능하다.

"인생의 승자가 되려면 몸만이 아니라 마음도 같이 단련해야 한다고 생각한다. 그러한 마음의 힘을 달리 말하자면, 바로 마음가짐이다. 마음가짐은 아무리 혹독한 시련이 와도 헤쳐 나가는 힘이 돼, 결국엔 성공의 기쁨을 누리고 시련에 휩쓸리지 않도록 해준다."

골프계의 영웅이었던 잭 니클라우스는 자신이 정상에 설 수 있었던 이유는 몸과 마음을 갈고 닦았기 때문이라고 말했다. 자기 분야에서 정상을 차지한 이들이 운이 좋아서, 혹은 배경이 좋아서 성공했다고 생각하지 마라. 백조가 물에 뜨기 위해 물 아래로 끊임없는 발놀림을 하는 것처럼 눈에 보이는 화려함이 전부가 아니다.

20세기에 가장 사랑받았던 예술가 중 한 명인, 폴란드 출신의 피아니스트 아르투르 루빈스타인은 가는 곳마다 청중들을 전율케 하고 매료시키는 능력의 소유자였다. 세계 정상에 오르게 된 비결을 묻자 그는 이렇게 답했다.

"하루를 연습하지 않으면 자기가 알고, 이틀을 연습하지 않으면 친구가 알고, 사흘을 연습하지 않으면 관객이 압니다."

거장의 답이라고 해서 특별할 것이라고 생각했다면 오산이다. 그는 가장 기본적인 자세에 대해 말했다. 가장 높은 자리에 올랐다고 해서 자만하지 않았고, 피아니스트로서의 기본에 충실했다. 자신을 단련시키는 일은 92세의 피아니스트에게도 멈출 수 없는 일이었다.

"이 정도면 되겠지!"

어느 정도 성공가도에 오르게 되면 자만하기 쉽다. 인도의 네루 초대 총리는 "자만심이라는 것은 인체의 지방처럼 모르는 사이에 점차 늘어나며, 그것에 익숙해진 사람은 날마다 그것이 늘어나는 것을 자각하지 못한다"고 말했다. 어쩌면 자신에게 엄하고 겸허하게 마음을 단련하는 노력은 끝이 없는 일인지도 모른다.

자기를 단련시킨다는 것은 인격을 완성해 가는 과정의 일이기도 하다. 겸허한 마음과 감사하는 습관이 필요하다. 나는 기자 생활을 오랫동안 하면서 비판적이고, 부정적 언어를 사용하는 데 익숙했다. 감사한 일이 있어도 당연한 양 받아들였고, 조금이라도

내 기대에 어긋나면 불만과 짜증, 불평을 드러냈다

나는 감사하는 자세를 습관화하려고 노력했다. 아침 일찍 일어나 산에 오르면서 '하루 100가지 감사하기'를 과제로 삼고 헤아려 보았다.

1. 아침에 일찍 일어나게 해주셔서 감사하다
2. 산을 오를 수 있는 건강을 주셔서 감사하다
3. 사랑스런 가족을 주셔서 감사하다
4. 어제 친구들과 즐거운 시간을 갖게 해주셔서 감사하다
5. 아침 일찍 수고하시는 아파트 경비원에게 감사하다

…

그런데 한 20가지 떠올려 보니 그 다음이 막혔다. 그만큼 감사해 본 적도 없고, 무엇을 감사해야 할지 생각해 본 적도 없었다. 나는 매일 아침 산행길이나 출근길에 내가 정한 감사 과제를 수행했다. 시간이 지나면서 개수도 늘고, 삶에서 감사할 일이 많음을 알게 됐다.

남아공 최초의 흑인 대통령 넬슨 만델라는 생애의 3분의 1에 달하는 27년이란 세월을 감옥에서 보내고 70세에 출소했다. 그가 옥고를 치르고 나왔을 때 세계의 매스컴이 주목했다. 한 기자가

그의 건강한 모습에 놀라며 비결을 묻자 이렇게 대답했다.

"나는 감옥에서 늘 하나님께 감사했습니다. 하늘을 보고 감사하고, 땅을 보고 감사하고, 물을 마시며 감사하고, 음식을 먹으며 감사하고, 강제 노동을 하면서 감사했습니다. 늘 감사했기에 이처럼 건강을 지킬 수 있었습니다."

만델라의 감사할 줄 아는 겸허의 마음가짐은 27년의 어려운 감옥 생활을 극복하고 평생 평화를 위해 일할 수 있는 동력이 되지 않았을까 싶다.

자기를 단련시키는 일이 어디 마음뿐이겠는가. 건강한 몸에서 긍정적인 에너지가 나오는 법, 강한 체력과 정신력이 필수다. 우리의 옛 선조들도 마음을 다스리는데, 책상머리에 앉아 공자 왈 맹자 왈만 외지 않았다.

조선 중기 성리학의 대가이자 영남학파의 거두 남명 조식은 12번의 지리산 기행을 했다. 불의와 타협하지 않는 대쪽 같은 정신의 소유자였던 그는 산을 오르며 몸과 마음을 강고히 했다. 그는 늘 학문을 실천하기를 강조했는데, 그의 제자들이 임진왜란 당시 의병 활동을 했던 것과 무관하지 않다.

심신을 다스리는 데 있어 퇴계 이황도 빼놓을 수 없다. 젊은 시절 공부에 너무 많은 에너지를 쏟아서 몸이 약했던 그는 《활인심방活人心方》으로 자신의 건강과 마음을 다스렸다. 활인심방은 마음이 모든 병의 근원이라는 원리 아래, 마음을 다스려 기氣를 제어함으로써 건강을 지키고 생명력을 기르려는 마음 위주의 양생법이다. 활인심방은 현대에도 민속 체조로 활용되고 있다.

사실 마음먹고 운동을 하기란 쉽지 않다. 하지만 건강을 지키려면 규칙적인 운동이 필수적이다. 40대 이상 중년기에 접어들면 심장질환, 관절 등에 유의해야 하므로 급작스런 운동은 도리어 해가 될 수 있다. 매일, 또는 주 3~4회 30분 이상의 운동이 좋다고 한다.

내 경우 자리에서 일어나면 먼저 맨손체조나 스트레칭을 통해 근육과 관절을 풀고 본 운동을 20~30분간 한다. 과거에는 매일 5km 정도 조깅을 했는데 무릎 관절이 닳으면서 중지했다. 대신 무릎에 부담을 덜 주는 실내 자전거를 탄다. 본 운동이 끝나면 약 5분 정도 스트레칭을 통해 정리 운동을 해준다. 육체적 기능을 덜 쓰고 정신적 스트레스가 많은 현대인의 경우 몸 근육이 뭉쳐 있으므로 스트레칭을 통해 유연성을 강화하는 것이 필수다.

때로 아침 일찍 일어나 한 시간 정도 동네 뒷산을 오른다. 주말에는 남산의 완만한 코스를 골라 3시간 정도 속보하거나 청계산, 북한산에서 산행을 즐겼다.

운동이 좋은 것은 육체뿐 아니라 마음까지도 즐겁게 해준다는

데 있다. 아침에 일어나 졸린 눈을 비비고 억지로 운동을 시작하면 처음에는 온몸이 찌뿌듯하지만 10여 분 지나면서부터 기분이 좋아짐을 느낄 때가 많다. 운동이 끝나면 마음이 개운해지고 오늘 하루 살아볼 만하다는 긍정적 내면 상태가 되는 것이다.

자신을 단련시키는 일, 자신을 다스리는 일은 그리 어렵지 않다. 마음가짐을 어떻게 먹느냐에 달려 있으니, 지금 바로 자신을 위해 자리에 앉아 눈을 감고 고요하게 생각하는 것부터 시작해 보라.

## ·22·
## 유연함이 강함을 이긴다

'부드러움이 단단함을 이긴다'는 논제를 공감하는 이들이 많을 것이다. 제법 알려진 재미있는 이야기가 있다. 임종을 앞둔 어느 스승이 제자를 불러 떠나기 전 마지막 가르침을 전하고자 했다. 스승은 입을 벌리곤 제자에게 입 안에 무엇이 보이는지 물었다. 제자는 혀가 보인다고 했고 스승은 치아는 보이지 않느냐고 되물었다. 제자는 스승의 입안을 살폈으나 나이 든 노승에게는 이가 하나도 남아 있지 않았다. 스승은 그 이유를 물었다.

"이는 단단하기 때문에 빠져버리고, 혀는 부드러운 덕분에 오래 남아있는 것이 아니겠습니까?"

"그렇다. 부드러움이 단단함을 이긴다는 것, 이것이 세상사는 지혜의 전부이다. 이제 더 이상 너에게 가르쳐줄 것이 없다. 그것을 명심하라."

그 스승에 그 제자다운 대화다. 단단한 것보다 부드러운 것이 오래 견딜 수 있다는 것은 사람의 몸뿐만이 아니라 주변에서 흔치 않게 찾아볼 수 있다. 법정 스님도 "바닷가의 조약돌을 그토록 둥글고 예쁘게 만든 것은 무쇠로 된 정이 아니라 부드럽게 쓰다듬는 물결인 것을"이라며 부드러움이 얼마나 강한지 강조했다.

20세기 한국 사회에선 이기주의·편법·불법이 판쳤다. 사람들의 심성도 거칠었고 행동방식에는 예의가 없으며 사회 정의나 신의도 부족했다. 그러나 한편으로는 한번 제대로 살아보자는 열정, 애국심, 그리고 한국적 정情과 의리도 존재했으니 그 복합적 사회에서 생존해 온 게 우리다.

아마도 그것은 망국, 분단, 전쟁, 가난 등 극도로 힘든 시절을 겪은 우리 한국인들에게 어찌 보면 불가피한 모습일지 모른다. 그 험하고 부조리한 시대에서 살면서 터득한 생존본능이 지금의 대한민국을 만드는 데 상당부분 역할을 했다.

그러나 세상은 변하고 있다. 이제 더 이상 강함으로 상징되던 남성, 가부장적 권위, 권력자가 마음대로 하는 사회가 아니다. 도리어 과거 사회적 약자로 분류되던 문화예술·스포츠 인들이 사회적 담론의 중심 역할을 하고 있다. 하버드대 조셉 나이 교수가 지적한 바에 따르면 20세기가 군사·경제력의 '하드 파워hard power' 시대였다면 21세기는 문화·외교력의 '소프트 파워soft power' 시대다

소프트 파워 시대에 사는 사람들은 과거와 비교되지 않을 정도로 독립적이고 비판적이며 똑똑하다. 의무교육의 정착과 정보 통신의 획기적 발달은 과거 권력층이 독점하던 정보를 순식간에 무장해제 시켰다. 청와대 권부에서 오전에 일어난 사건이 오후면 만천하에 알려지는 세상이 된 것이다.

이렇듯 달라진 세상에서 인정받고 존경받으려면 결국 인간성으로 승부해야 한다. 다시 말해 사람 됨됨이다. 도덕교과서나 역사책에 나오는 한 점 흠 없고 고결한 인격자나 성인聖人을 말하는 게 아니다. 사실 그런 사람은 없다. 누구나 흠결이 있고 모순이 있다.

내가 말하는 '인간성'은 우리 주위에서 볼 수 있는 겸손하고 온유한 사람에게서 발견된다. 자신을 내세우지 않고, 남의 뜻을 이해해 주고, 남에게 부드럽게 대하며 참을성이 많고 배려를 갖췄다면 두말할 나위 없다. 물론 그에게도 교만, 이기심, 탐욕, 성냄이

있다. 그러나 그런 자신의 인간적인 약점을 잘 인식하고, 끊임없이 자제하면서 궁극적으로 겸손한 인간, 온유한 사람의 길로 정진하는 사람을 뜻한다.

"과학자가 되기 전에 사람이 되라."

세계적인 과학자 임지순 서울대 물리학과 교수가 한 말이다. 1968년 대입예비고사 톱, 다음 해 서울대 수석입학과 졸업으로 일찌감치 유명했던 천재 과학자가 지금 후학들에게 하는 말은 이처럼 단순했다. 그는 이어서 "남을 배려하라"고 말했다. 인생의 목적은 결국 자기 인격의 완성으로 향하라는 말이다.

과거에는 겸손한 체, 온유한 체하면서 주위와 대중을 속일 수 있었다. 그러나 21세기 '스마트' 시대에서는 더 이상 통하지 않는다. '영리한' 21세기 시민들은 상대방의 말과 행동이 진실인지 아닌지를 간파한다. 그러기 때문에 결국 진심이 중요하다. 남이 보든 안 보든, 내면에서 실제로 겸손과 온유를 지향하는 마음, 진심이 발견될 때 상대방은 감읍한다.

《정의란 무엇인가》로 공전의 히트를 친 출판사 김영사의 박은주 대표가 '정의' 다음으로 '진심'이란 주제로 승부를 걸려고 하는 것도 지금 한국의 시대정신을 간파하고 있었기 때문이다. 겸손과 온유, 진심은 더 이상 도덕 교과서나 종교 서적에나 등장하는 말이 아니다. 실제 그런 마음을 가져야 대중을 이해시킬 수 있고,

영향력을 가질 수 있다.

인간 됨됨이로 승부하라는 것은 경영학자들 간에는 이미 알려진 주제다. 세계적인 리더십 컨설팅 전문가인 마셜 골드스미스는 똑똑한 리더들이 가장 많이 저지르는 '나쁜 버릇'으로 '지나친 자기 확신 self-confidence' '자기중심적 태도 too much ego' '과도한 승부욕 winning too much' 등을 들었다. 또 잘난 척하기, 분노, '아니오', '그렇지만' 같은 부정적 단어 사용도 예로 들었다.

"내가 만나본 훌륭한 CEO들은 단 한 번도 불평하거나 풀이 죽어 있는 것을 보지 못했어요. 다른 사람들을 탓하지 않습니다. 그들은 열정적, 긍정적이며 진지한 동시에 힘이 넘쳤죠. 그들은 자신이 하는 일을 통해 삶의 진정한 행복과 의미를 찾으려고 노력하는 사람들입니다. 이는 바로 그의 내면의 힘을 말해줍니다. 인간 내면 intra-personal을 의미하는 것입니다. 리더가 자기 삶에서 행복과 의미를 찾을 때 비로소 그의 리더십이 빛을 발한다는 거죠. 내면이 공허하고 부정적인데 긍정적인 리더십이 나오겠습니까."

매사 까칠했던 나도 언제부터인가 일상생활에서 좀 더 온유한 태도, 자그마한 배려를 하기 시작했다. 택시를 타면 "광화문 정부종합청사 뒤로 가주세요" "감사합니다. 돈 많이 버세요"라며 공손하게 말한다. 예전에는 "정부종합청사 뒤로 갑시다" "거스름돈 왜 안 줘요?"라며 툭하면 운전기사와 시비를 벌였다. 지금은 택시비에서 몇백 원 남은 잔돈은 받지 않는다. 단순히 팁의 개념이 아니라 서로간의 선의의 선순환을 갖고 싶기 때문이다. 내가 잔돈을 남기고 가면 그는 기분이 좋을 것이며 그것이 다른 손님에게 전달될 수 있기 때문이다.

실제로 내가 덕을 본 경우도 있다. 서로 재미있게 이야기를 하다가 잔돈을 받지 않고 내렸다. 그런데 지갑을 차에다 빠뜨리고 내렸다. 거기에는 현금과 신용카드가 있었다. 나는 만약 손님이 아닌 기사가 지갑을 발견한다면 내게 연락해 줄 것이라고 믿었다. 왜냐하면 온전한 사람들은 돈 몇 푼보다 서로간의 선의나 신뢰를 더 중요하게 여기기 때문이다. 내 예감대로 몇 시간 뒤 그로부터 전화가 왔다.

"손님. 지갑을 놓고 내리셨어요. 제가 지금 잠실인데 손님 내리고 어디로 가면 될까요?"

식당을 가도 심부름하는 분들에게 친절하게 말을 하려고 노력했다. 과거에는 함부로 말하거나, 어린 사람에게는 반말이 예사였다. 그러나 지금은 그들이 고생하는 상황이 머릿속에 그려지고 그들의 아픈 마음을 조금씩 느끼고 있다. 그런 상황에서 어떻게 그들에게 함부로 말할 수 있겠는가.

"아주머니 국밥 한 그릇 주십시오."
"김치가 너무 맛있는데 조금 더 주실래요?"

"오늘 모습이 밝아 보이네요. 무슨 좋은 일 있으세요?"

"이거 잔돈 남은 건데 오랜만에 팁 드립니다."

나는 성격이 급한 편이고, 뒤끝은 없지만 성질을 잘 내는 편이다. 평생 이 모습을 보고 살아온 아내는 "갑자기 불끈하는 성질만 죽인다면 원이 없겠다"고 말한다. 지금 나는 매일 나를 타이르고 있다. 아침에 일어나 출근해서, 또 성질나는 일이 터질 때마다 말이다. 기도를 하는데도 화가 치밀어 올라 주위를 피곤하게 만든다. 그러나 나는 과거보다 훨씬 너그러워진 내 자신을 발견하고는 기쁘다. 앞으로 더 나아질 거란 희망을 가지고 있다.

언제부터인가 나는 딱딱한hard 성격이 조금씩 부드럽게soft 변하고 있음을 느꼈다. 늘 내 자신에 대해 예민하던 것에서 벗어나 자신에 대해 관대해지다 보니 남에게도 덜 예민해지며 경계심이 적어졌다. 그것이 곧 상대방에 대한 공감이나 이해, 배려로 바뀌고 있음을 느끼고 있다.

과거에는 남을 탓하는 경우가 많았고, 실컷 성질을 부리고서도 집에 와서 또 되씹어 보는 경우가 많았다. 지금은 설령 명백히 상대방이 잘못한 일이라도 거기에 내가 성을 내며 맞대응했다면 집에 와서 반성하는 사례가 늘어나고 있다.

'내가 좀 참아도 되는 것 아닌가. 꼭 그렇게 해야만 했나.'

인간의 노화는 신체적으로 유연성이 점점 적어지고 경직성이 강해지면서 시작된다. 어린 시절의 유연함은 나이가 들수록 점점 굳어지고 뻣뻣해지다가 결국에는 완전히 굳는 죽음의 순간에 다다르게 된다. 반면 인격의 성숙성은 그 반대인 것 같다. 딱딱하지 않고 점점 부드러워지는, 유연성이 많아질 때 더 성숙되는 것이라고 생각한다.

우리 조상들이 숭상한 유교에서 나오는 군자君子는 '행실이 점잖고 어질며 덕과 학식이 높은 사람'이다. 불교에서 수행자들이 추구하는 해탈의 경지는 탐욕·분노·어리석음 등의 번뇌나 과거의 업業으로부터 벗어나 자유롭게 되는 상태를 말한다. 기독교에서의 바람직한 인간상은 '겸손하고 온유하며 하나님을 경외하는 이'다. 결국 우리가 추구하는 인간상은 남을 이해하고 배려하며, 생각이 다르더라도 포용할 줄 아는 부드러운 사람인 것이다.

물은 바위를 뚫고서라도 바다를 향해 간다. 아무리 강한 바위도 부드러운 물의 뜻을 꺾지 못하듯 결국 세상을 바꾸는 힘은 부드러움에서 나온다.

## •23•
## 무조건 지금 이 순간을 즐겨라

머리 좋은 사람이 열심히 하는 사람을 따라갈 수 없고, 열심히 하는 사람은 즐기는 사람을 이길 수 없다는 말이 있다. 즐기는 사람은 결과와 상관없이 과정으로도 만족하기 때문에 결과를 쫓는 사람에 비해 행복할 수 있다. 물론 열심히 노력하는 것도 중요하다. 그러나 즐길 줄 모르고 노력만 하는 것은 결과에 연연하게 돼 조급함에 휩싸이고, 실패의 감정을 알기에 좌절과 우울감에 빠지기 쉽다.

노르웨이 과학기술대학교 콘라드 카이퍼스 교수 등은 5만여 명에게 문화 활동 여부, 삶의 질, 행복도 등에 대해 설문 조사를 했는데, 문화 활동을 즐기는 사람은 그렇지 않은 사람보다 더 행복함을 느끼고 삶의 질도 높다는 연구 결과가 나왔다. 문화생활을 하면 뇌, 정신, 면역체계에 좋은 효과가 있고 스트레스 수치가 낮아져 건강에도 도움이 된다고 한다.

즐겁게 사는 것은 건강을 지키는 길이기도 하지만 성공에 있어서도 그 효과가 만만치 않다. 무일푼 오징어 행상에서 출발해 이제는 날마다 평당 대한민국 최고 매출액을 경신하는 점포 운영자가 된 '총각네 야채가게' 이영석 대표가 이를 잘 드러낸다. 그는 "나는 이 세상에서 가장 행복한 야채장수다. 나는 상품을 파는 것이 아니라 즐거움을 판다. 가르치는 사람이든 배우는 사람이든 직위를 떠나 상호간에 즐기고, 배우고, 얻으려 하라"고 말하며 '즐거운 마케팅'과 '스마일 리더십'으로 성공가도를 달리고 있다.

과거에는 성공적인 내일을 위해 남들보다 덜 자고 덜 쓰고 덜 즐기는 것만이 최선이라고 여겼다. 대부분 성공한 사람들 뒤에 따르는 가족들의 뒷바라지와 희생을 당연시했다. 그리고 일이란 먹고 살기 위해, 성공하기 위해 해야 하는 숙명쯤으로 여기기도 했다. 불과 10여 년 전만 해도 우리 현실이 너무 절박해 '쉬고 논다'는 것 자체가 사치스럽고 불성실하게 인식됐던 것이다.

그러나 지금은 다르다. 일을 해도 즐겁게 하고, 경영을 해도 'fun 경영'을 하자는 얘기가 대세를 이루고 있다. 인생의 목적이 결국 행복이 아닌가. 행복은 유보할 수 있는 성질의 것이 아니다. 우리의 운명이 어떻게 전개될지는 아무도 모른다. 지금 이 순간이 중요하다. 과거 막스 베버의 《프로테스탄트 윤리와 자본주의 정신》이 시대정신이던 19~20세기에는 《개미와 베짱이》 중 개미가 롤모델이었지만 지금은 다르다. '놀고먹는' 베짱이가 더 높은 수익을 올리고 더 많은 일자리를 만드는 시대가 됐다.

하버드대 출신 선승禪僧인 현각玄覺 스님이 있다. 28세 때 우리나라 숭산 스님의 설법에 감화돼 그를 따라 불도에 귀의한 그는 10여 년 전 《만행·하버드에서 화계사까지》를 출간, 일약 세상의 이목을 집중시킨 스타로 떠올랐다.

그가 최근에 어느 신문과 한 인터뷰 내용이 인상 깊었다. 그는 승려의 길이 자기 인생 최고의 선택이었다고 말했다. 출가한지 20년이 되어 가는데, '참 나'를 찾았냐는 질문에 "지금 마시는 이 커피의 향이 참 좋지 않는가"로 선문답을 했다. 그리고 제일 좋아하시는 경은 무엇이냐는 질문에 역시 선문답이었다.

"순간경! 이 커피 향을 맡는 순간, 재즈를 듣는 순간, 걷고 이야기하고 시장에 가는 모든 순간, 뺨에 스치는 바람을 느끼고, 친구와 악수를 하면서 감촉을 느끼는 순간, 순간, 순간…."

인터뷰를 읽으면서 나는 무릎을 쳤다. 현각의 생각에 전적으로 동의를 보냈다. 우리가 지금 사는 이 순간에 충만함을 느끼고 행복감에 젖을 수 있다면 그것이 곧 득도요, 해탈이요, 천국이 아닐까. 언제부터인가 간혹 이 같은 생의 충만감과 환희를 순간순간 느끼고 있다. 참으로 감사했다. 물론 그 반대로 불만투성이고 절망적이며 분노가 폭발하는 지옥 같은 순간도 적지 않지만 말이다.

지금 이 순간을 온전히 즐기고 싶을 때 방해가 되는 것들이 많다. 번뇌, 번민, 잡념이 그렇다. 내 몸은 지금 현재를 살고 있지만 머릿속은 끊임없이 어제의 상처, 내일의 불안으로 방황하고 있다. 단조로운 현실은 쓸데없는 망상을 부추기고 그러다 보면 현실의 삶은 우울하고 불쾌해진다.

번뇌를 일거에 끊어버리라고 조언한 일본 스님이 있다. 한국에서 《생각 버리기 연습》을 출간해 베스트셀러 작가가 된 코이케 류노스케 스님. 30대 젊은 스님인 그는 "머리를 너무 쓰지 말고 오감五感으로 느끼라"고 충고한다.

"텔레비전, 인터넷 등 미디어가 과다한 정보를 주입시키는 시대라 생각과 판단을 요구하는 정보가 너무 많아 사람들의 마음을 불편하게 만들고 있다. 탐욕, 분노, 어리석음 등이 찾아올 때 감정을 억압하거나, 발산하지 말고 한발 물러서 응시하면 번뇌를 극복할 수 있다."

2011년 만 22세 나이로 미국여자프로골프LPGA '최연소 메이저 대회 5승'이란 신기록을 세운 대만의 청야니 선수. 그녀는 당초 미국으로 건너오면서 골프의 여제女帝 소렌스탐 집 근처에 숙소를 마련했다. 존경하는 대선배인 소렌스탐과 친해져 우승 비결을 알고 싶어서였다. 어렵게 만나 비법을 물었더니 소렌스탐의 답변은 단순명료했다고 한다.
"골프를 즐겨라."
그렇다. 우리의 유한한 삶을 헤쳐 나가려면 우린 지금 우리의 삶을 더욱 즐겨야 한다. 사업가라면 사업을 즐겨야 하며, 예술가라면 예술을 즐겨야 한다. 우리가 즐길 줄 알아야 우리 마음속에 기쁨이 찾아오고, 기쁨이 찾아옴으로써 활력이 넘쳐난다. 그러한 기쁨과 활력이 남에게 전이轉移되고 긍정적 선순환을 접하게 된다. 횡적으로는 우리의 이웃과, 종적으로는 우리의 미래와 말이다.

불행evil이란 영어 단어를 거꾸로 늘어놓으면 '살아있다live'가 된다. 우리가 불행한 상황과 맞닥뜨려도 이를 변화시키고 역전시킬 때 삶(살아있음)이 다시 찾아오는 것이다. 그러한 긍정적 태도가 기쁨을 끌어당기고 부정적 기운을 쫓아내며 병을 기적적으로 치유한다. 생각이 결국 현실을 만든다. 그런 점에서 나는 사춘기 시절부터 지금까지 내 마음속에 담겨 있던 '인간은 패배하지 않는다. 다만 파괴될 뿐이다'라는 어니스트 헤밍웨이의 말을 포기하기로 했다. 그 말 속에는 이미 '파괴'라는 부정적 상황이 전제돼 있기 때문이다.

'인간은 패배하지 않는다. 결국 승리한다.'

만약 지금 이 순간 내 마음이 긍정적이고 유쾌한 생각으로 가득하다면 부정적이고 불쾌한 생각이 들어올 틈이 없다. 당신이 밀어내야 할 생각들은 질투, 증오, 탐욕, 교만, 분노, 절망, 낙담과 같은 것들이다. 이런 것들은 궁극적으로 인생에 도움이 되지 못한다.

"그림을 그리든지 노래를 부르든지 즐거움을 위해 하라. 굶주린다 하더라도 당신이 사랑하는 일을 하라. 명예를 바라고 하면 목적을 잃고, 돈을 위해 하면 영혼을 잃는다. 즐겁게 일하라. 그러면 나머지는 따라올 것이다."

K. 콕스의 말처럼 자신이 정말 좋아하는 것들을 찾아 거기에 매진하면 즐거움만이 아니라 그걸 통해 배우고 깨닫고 이룰 수 있게

된다. 돈과 명예 때문에 즐거움을 잊고 산다면 당신의 삶의 의미는, 더 이상 살아 있는 것이 아니다. 지금 하는 일을 즐기지 못한다면, 즐길 수 있는 일을 찾거나 그런 일을 하는 것이 가장 빠르게 행복을 찾을 수 있는 방법일 것이다.

"즐거움이 즐거움을 낳는다!"

마흔이 내게 준 선물

마흔이 내게 준 선물

초판 1쇄 발행 2011년 8월 24일
초판 3쇄 발행 2011년 11월 30일

지은이 함영준
펴낸이 연준혁

출판 9분사_편집장 배민수
편집 박혜진 임명진 우지현
제작 이재승

펴낸곳 (주)위즈덤하우스 | 출판등록 2000년 5월 23일 제13-1071호
주소 경기도 고양시 일산동구 장항동 846번지 센트럴프라자 609호
전화 031-936-4000 | 팩스 031-903-3891
홈페이지 www.wisdomhouse.co.kr
출력 엔터 | 종이 월드페이퍼 | 인쇄·제본 영신사 | 후가공 이지앤비

값 13,000원
ISBN 978-89-6086-470-2 [13320]

* 잘못된 책은 바꿔드립니다.
* 이 책의 전부 또는 일부 내용을 재사용하려면
  사전에 저작권자와 (주)위즈덤하우스의 동의를 받아야 합니다.

국립중앙도서관 출판시도서목록(CIP)

| |
|---|
| 마흔이 내게 준 선물 : 인생 후반전을 지혜롭게 준비하는 법 / 함영준 지음. —파주 : 위즈덤하우스, 2011 p. ; cm |
| ISBN 978-89-6086-470-2 13320 : ₩13000 |
| 인생 설계 [人生設計] 성공법 [成功法] |
| 325.211-KDC5 650.1-DDC21    CIP2011003348 |